Déjalos ser niños

T0001452

Prácticos
Familia

Laura Estremera
Déjalos ser niños
*Una guía práctica para acompañar a los
pequeños en una crianza respetuosa*

Prólogo de Yolanda González Vara

 Planeta

Obra editada en colaboración con Editorial Planeta – España

© Laura Estremera, 2018

© de las imágenes e ilustraciones del interior: Laura Estremera
Diseño de la portada: Booket / Área Editorial Grupo Planeta
Ilustración de la portada: Shutterstock

© Editorial Planeta, S. A., 2022 – Barcelona, España

Derechos reservados

© 2023, Ediciones Culturales Paidós, S.A. de C.V.
Bajo el sello editorial PAIDÓS M.R.
Avenida Presidente Masarik núm. 111,
Piso 2, Polanco V Sección, Miguel Hidalgo
C.P. 11560, Ciudad de México
www.planetadelibros.com.mx
www.paidos.com.mx

Primera edición impresa en España: septiembre de 2022
ISBN: 978-84-08-26277-0

Primera edición impresa en México en Booket: septiembre de 2023
ISBN: 978-607-569-541-9

Para simplificar la redacción y la lectura, a lo largo del libro, cuando se habla de niño, hace referencia a niño y niña.

Impreso en los talleres de Impresora Tauro, S.A. de C.V.
Av. Año de Juárez 343, Col. Granjas San Antonio,
Iztapalapa, C.P. 09070, Ciudad de México
Impreso y hecho en México / *Printed in Mexico*

Biografía

Laura Estremera es maestra de audición y lenguaje, psicóloga, técnico superior en Educación Infantil, psicomotricista relacional especialista en Atención Temprana y está formada en pedagogía Pikler. Ha trabajado durante nueve años como tutora en el primer ciclo de educación infantil y, desde 2018, está al frente de un proyecto de acompañamiento a la infancia desde la psicomotricidad vivenciada en un pueblo de Teruel. Además, realiza charlas y formaciones dirigidas tanto a profesionales como a familias. Es autora de los libros *Criando* y *Déjalos ser niños*.

A mi querida Carmeli, cuñada y amiga, nos dejaste pronto, pero sigo pensando en ti en cada pequeño logro, en cómo me apoyaste y lo sigues haciendo. Por eso esta nueva versión de Ser niños acompañados, *que en su día leíste desde los primeros borradores con tanto cariño, va dedicada a ti.*

Índice

Prólogo

En mi experiencia profesional y personal, cada vez que publico un libro siento cómo emerge la alegría del nacimiento de una nueva semilla. Una semilla que ofrece una chispita de salud y esperanza para la sociedad y la vida. Y siento renovada satisfacción cuando se publican libros en la misma dirección, como es el caso de la presente obra. Cada profesional de la salud o de la educación vuelca lo mejor de su conocimiento y abordaje en cada página escrita, en cada reflexión, en cada aportación.

Prologar un libro relacionado con la crianza y la escuela es para mí un placer que me conecta directamente con la pasión que siento, traducida en el compromiso de favorecer un mundo más amoroso, coherente y respetuoso con la infancia y la adolescencia.

Déjalos ser niños, de Laura Estremera Bayod, es una semilla que ve la luz para acompañar, a su vez, al mundo adulto que interactúa con la primera infancia. Los temas tratados, afortunadamente en la actualidad más aceptados, me llevan a recordar los difíciles inicios de intentar «cambiar la mirada» hace treinta años, cuando junto con algunos otros profesionales me aventuré por estos ámbitos de la

11

prevención y promoción de la salud infantil. Por suerte, con el tiempo, han proliferado los profesionales, las asociaciones y los grupos que se comprometen con un acompañamiento respetuoso y consciente a la primera infancia, una etapa delicada y vulnerable que merece toda nuestra atención y cuidado.

Sin embargo, nunca son demasiados, por muchos que sean, los libros editados. Cambiar la mirada no es automático ni sencillo. No se logra con la acumulación de la teoría. Es necesario integrarlo, sentirlo y, para ello, a veces se atraviesan crisis de percepción.

Efectivamente, a veces no es fácil cambiar. Nuestro carácter, nuestros hábitos y nuestras creencias condicionan la percepción que tenemos de la infancia y limitan nuestra adecuada respuesta, más de lo que nuestra voluntad quisiera. Y repetimos y volvemos a repetir conductas, acciones y actitudes, a veces poco afortunadas, motivadas por la ignorancia, el hábito, la impotencia y muchos factores interconectados.

Por todo lo anterior, este libro escrito con sencillez, pero con claridad de conceptos, puede ayudar a reflexionar y a cuestionar aspectos de nuestra interacción con la infancia, con el objetivo de mejorar la calidad de la relación del mundo adulto con la criatura.

Los temas abordados en él son los esenciales para acercarse a comprender la dinámica emocional de la infancia y, de esta forma, evitar las interferencias en su proceso de maduración psicoafectiva y emocional: el llanto, el sueño, el apego, los procesos madurativos según Piaget, el periodo de adaptación y la escuela, junto con la psicomotricidad relacional, y las pedagogías de Montessori y Pikler, entre otros, son abordados por Laura Estremera, con fluidez y cercanía, para la comprensión del desarrollo emocional infantil.

Cambiar la mirada desde la posición convencional adulta a la mirada empática y sin juicio no es una labor superficial y rápida. Requiere tres criterios fundamentales: el primero de ellos, el conocimiento de los procesos madurativos infantiles, del cual surge la actitud empática como segundo criterio para que, finalmente y como tercer criterio, emerja el respeto auténtico (no solo el teórico) ante las necesidades emocionales de la primera infancia.

«Conocimiento, empatía y respeto» es lo que necesitan. Es su derecho. Y también es nuestra gran responsabilidad. Por tanto, y para concluir, debemos ser conscientes de la oportunidad que nos brinda cada nacimiento, cada criatura del planeta, para poder ofrecerles una vida y una sociedad mejor y más sana que la actual.

Qué diferente sería la sociedad mundial desde otra mirada, otro paradigma, que alejara definitivamente las injusticias sociales, las depresiones, los suicidios, los maltratos y negligencias varias, además de las destructivas e irracionales guerras...

Tan solo, y no es poco, debemos cuidar la esencia de nuestra existencia: la infancia.

Y, así, el mundo cambiará.

Y ahora... ¡A disfrutar del libro!

YOLANDA GONZÁLEZ VARA
Psicóloga clínica especializada en adultos
Formadora en Promoción y Prevención Infantojuvenil
Presidenta de A. P. P. S. I.

Ser niños

¡Cuántas formas de crianza existen!, ¡cuántos métodos educativos! Sin embargo, ¿cuántos de ellos están centrados en el niño?, ¿cuántos se agachan, se ponen a su altura, miran a los principales protagonistas y dan respuesta a lo que han observado? Al igual que cuando escribí *Criando,* vivimos en un momento en el que hay mucha información accesible sobre crianza y educación, pero a veces se nos olvida lo esencial, que es la comprensión de las necesidades infantiles, por qué hacen lo que hacen, y solo escuchando estas necesidades, estos porqués y acompañándolos en su desarrollo, nuestros pequeños podrán *ser* niños, *ser* ellos mismos, sin que los adultos intentemos modificarlos a nuestra conveniencia e intentemos que sean lo que no son.

Comprender por qué los niños hacen determinadas cosas, cuáles son sus necesidades, cuál es el desarrollo natural, implica agacharnos a su altura, abrir los ojos y observar con la mirada libre de prejuicios, escuchar qué es lo que verdaderamente necesitan, y de este modo, tomar conciencia de sus necesidades y darnos cuenta de que para que ellos puedan *ser*, nosotros tenemos que acompañar.

Cada uno es libre de elegir de qué forma quiere acompañar a sus hijos o a sus alumnos en su desarrollo, pero antes debería valorar si esa forma de hacerlo es beneficiosa para los niños y está de acuerdo con sus verdaderas necesidades. Hoy en día hay evidencia de que determinadas prácticas (como que se duerman llorando, castigarlos, usar tacatás...) no solo no son eficaces, sino que son perjudiciales. Y tenerlo en cuenta nos capacita para tomar decisiones informadas.

¿Este libro es para padres o para educadores? ¿Trata de crianza o de educación? Hay una línea muy fina que separa ambas y, en los tres primeros años, ¿dónde está esa frontera? No lo sé.

No podemos hablar de escuela (en general, no solo de los primeros años) sin entender al ser humano, sus orígenes, sus necesidades. Si queremos comprenderlo, tenemos que recurrir a la crianza. Por eso en este libro no se explica una metodología, sino una forma de entender a la infancia y, por lo tanto, se aplica a todo, al hogar, a la escuela, al parque... En resumen, una forma de comprender y acompañar a los niños que les permita *ser* niños.

1

¿Cómo somos? ¿De dónde venimos?
Conociéndonos

Vamos a imaginarnos una familia de cavernícolas que está en una cueva; en esta cueva hay un bebé muy pequeño. Que este bebé sobreviviera por aquel entonces era más complejo a que lo haga hoy en día. Este pequeño cavernícola necesita que lo cojan en brazos ¡y es lógico! ¿Cómo, si no, iba a sentirse seguro? Con la cantidad de animales que hay allí afuera, si no siente el calor de un adulto cerca, escucha su corazón y siente su movimiento, eso puede significar que se lo han olvidado. ¿Y cuánto tiempo sobreviviría una cría humana sola en aquella época? Y para los adultos, ¿qué mejor forma de mantenerlo a salvo que llevarlo encima? Este bebé cavernícola también necesita llorar. ¡Y es lógico! ¿Cómo, si no, iba a comunicarle a su madre que no se encuentra bien, que algo dentro de él se ha desequilibrado y que necesita a un adulto que le ayude a restablecer ese equilibrio? Si su mamá comenzara a recolectar frutos y a separarse de él, ¿qué mejor que el llanto para recordarle que la necesita?

Este bebé cavernícola necesita que satisfagan sus necesidades bien y rápido. ¡Y es lógico! Si tiene sueño, tiene que dormir; si tiene hambre, ha de comer; si siente frío, hay que abrigarle; si quiere que le presten atención, alguien de la cueva estará dispuesto a ello. Primero, porque es absurdo hacerle esperar. ¿Quién mejor que él para conocer sus necesidades? Segundo, porque no existe ni un reloj ni un «profesional» que le haya explicado a la mamá cavernícola que debe pasar X tiempo entre toma y toma o que debe dormir solo. Y tercero, ¡porque pone en peligro a toda la tribu! Si el bebé llora, llora, y llora está avisando a los depredadores de su presencia.

Este bebé cavernícola está en contacto físico con su madre u otros adultos, siente su olor, su calor. Satisfacen sus necesidades, le dan de comer cuando tiene hambre, lo dejan dormir cuando se siente cansado, lo abrigan si tiene frío, atienden pronto a su llanto observando qué es lo que necesita, le hacen caso... Todo esto hace que se sienta seguro y pueda desarrollarse y sobrevivir.

Nadie pondrá en duda que es lógico que traten así al pequeño cavernícola, que respeten sus necesidades. ¿Y por qué no deberían hacerlo? Lo absurdo sería lo contrario: que cuando este tuviera sueño intentaran mantenerlo despierto, meneándolo o hablándole porque el adulto prefiere que duerma en otro horario; que cuando tuviera hambre demoraran la toma porque todavía no ha pasado el tiempo que un «experto» ha estimado como oportuno (o, peor aún, «para enseñarle a esperar» o «a tolerar la frustración»); que lo dejaran llorando para «enseñarle» a no llorar; que lo alejaran del resto de miembros mientras duerme para que no se «malacostumbre» o no «molestarle», cuando lo que precisamente necesita es sentir esa presencia (al niño no le molesta que el adulto hable, ronque o se levante temprano); que no lo cogieran por si se «acostum-

18

brara» y luego nunca quisiera bajar de los brazos adultos...

Pues si nos parece lógico que al bebé cavernícola le atiendan sus necesidades, ya que si las tiene es por algo, nos debería parecer igualmente lógico atender las necesidades de nuestros bebés y niños pequeños, ya que el bebé *Homo sapiens* no ha evolucionado; su naturaleza y su biología es la misma que la de un bebé cavernícola como del que acabamos de hablar. Ni el cuerpo, ni el cerebro ni las necesidades infantiles han cambiado respecto a nuestro pequeño cavernícola, pero lo que sí que ha evolucionado, y mucho, es la cultura y la crianza. Por eso tenemos bebés con las mismas necesidades que hace 40.000 años, pero con prácticas culturales y de crianza que, en muchas ocasiones, no las respetan. Y las cosas en la naturaleza no ocurren por azar, o sea que, si nuestros bebés son como son, si tienen unas necesidades, es por algo.

19

Depende de la cultura

Tenemos, pues, unos bebés que no han evolucionado en los últimos 40.000 años y que presentan unas necesidades universales (da igual dónde nazcan, estas son las mismas). Del mismo modo, el feto también tuvo unas necesidades que estaban satisfechas; dentro del útero recibía todo lo que necesitaba para desarrollarse: la temperatura y la presión eran constantes, se sentía mecido por el movimiento de su madre, dormía cuando quería, se alimentaba, la placenta lo protegía y le servía de límite que lo contenía a la par que le proporcionaba estímulos táctiles.

¿Y cuando nace? No es solo que el bebé cambie su forma de respirar y de alimentarse, o que los estímulos le lleguen sin ningún filtro... Ahora el bebé depende de los otros para que satisfagan sus necesidades; necesidades que, hasta el momento, habían sido cubiertas y que a partir de ahora dependerán de lo que se considere «adecuado» en la cultura que se encuentre, y por supuesto, todas consideran que hacen «lo adecuado» con sus bebés, pero realmente pocas escuchan las verdaderas necesidades de los niños.

Por ejemplo, en nuestra sociedad, en el hospital, nos suelen insistir en la importancia del contacto piel con piel con el recién nacido, pero al bebé y a la mamá les visten con algo de ropa, por lo que este contacto piel con piel se ve reducido. Una vez llegas a casa, parece que el contacto piel con piel solo fuese algo que hubiese que favorecer las primeras horas y enseguida se comienza a dejar al bebé en cunas, carros, hamaquitas... y, por supuesto, vestido.

Aunque los bebés —independientemente de la época y de la cultura— tienen las mismas necesidades, cada cultura establece lo que es adecuado o no para ellos: dónde, qué, cómo, cuánto y cuándo comen; dónde, por qué, cómo y cuánto duermen; cuándo y dónde se les atiende (y cuándo y dónde se les ignora...). Pensaréis que, gracias a los avances de la tecnología, el modelo de crianza occidental de los países desarrollados tendrá en cuenta todas las necesidades y que se estará haciendo «lo adecuado» con ellas, pero la realidad es bien distinta; las prácticas de crianza de Occidente tienen poco en cuenta la biología y las necesidades del bebé.

Y lo que no se tiene en cuenta es que cada cultura cree hacer «lo adecuado» por razones varias, ya que a través de la crianza, según cómo se trata a los bebés, se transmite una mirada hacia la infancia, unos valores, lo que se considera importante en esa sociedad y se fomenta de esta forma unas características determinadas en los miembros de esta. Y lo que es más «grave» es que estas formas de crianza repercuten a largo plazo en el desarrollo y en la vida adulta, por lo que cuanta más distancia haya entre cultura y biología (entre lo que hacemos y la naturaleza), más impacto tendrá en el grado de salud y enfermedad de los miembros de una sociedad.

¿Por qué hay tantas formas de crianza?

Ya hemos visto que cada cultura cree hacer lo correcto con sus bebés y, a pesar de que todos tienen las mismas necesidades (y que no han evolucionado desde los orígenes), en cada época y en las diferentes partes del mundo siempre se han llevado a cabo distintas prácticas con los pequeños. En nuestra cultura no iba a ser diferente; de hecho, es muy habitual oír «antes se hacía esto y ahora te dicen lo contrario» o «eso son modas». Es cierto que hoy en día tenemos muchas investigaciones en antropología, medicina, psicología y otras áreas que nos ayudan a entender la naturaleza de los pequeños y que, poco a poco, vamos teniendo evidencias de que determinadas prácticas que se realizaban con los niños no eran las más adecuadas y que tenían repercusiones más adelante. Así que, a pesar de que en cada cultura se hagan las cosas de manera diferente, hoy tenemos un poco más de información para saber que hay determinadas prácticas que debemos rechazar.

Para entender por qué hoy en día, en nuestra sociedad, existen tantas formas de crianza y por qué cuando eres madre o padre (o educador) te ofrecen tantos consejos (muchos de ellos contradictorios), me resultó muy útil recurrir a la historia de la psicología y la relación que había tenido esta con la crianza en los últimos cien años. Pude observar cómo en nuestra cultura seguían vigentes ideas de diferentes corrientes, muchas de ellas contradictorias y con resultados además poco favorables (de hecho, algunas se desarrollaron en EE. UU. y llegaron a nuestro país años más tarde, justo cuando allí ya se había observado que no eran del todo adecuadas). Colocar estas ideas en una línea del tiempo me permitió ver que no son «modas» o diferentes opciones a elegir, sino que en muchas ocasiones —a veces por ensayo y error, otras por investigaciones o avances tecnológicos, como poder medir lo que ocurre dentro del cuerpo y del cerebro ante determinada situación— ha hecho que las formas de crianza hayan ido cambiando. Este ejercicio también me hizo darme cuenta de lo poco que nos paramos a mirar realmente a los niños y su naturaleza, lo que les hace falta y lo que sienten, centrándonos muchas más veces en las necesidades del adulto (quien ya no se está desarrollando de la misma forma que lo hace el bebé y el niño pequeño).

Wilhelm Wundt está considerado como el padre de la psicología moderna porque quiso hacer de ella una verdadera ciencia separada de la filosofía. Quería entender de qué estaba compuesta la mente, si de sensaciones o de representaciones. Esta primera psicología nacía en Europa y lo que le importaba no era el desarrollo del niño, sino definir esa nueva ciencia. Sin embargo, a los psicólogos norteamericanos no les parecía importante entender de qué se componía la mente; eran más prácticos y querían saber para qué servía, qué se hacía con ella y, así, apareció a principios del siglo XX la corriente del funcionalismo (dentro de esta, el psicólogo James Mark Baldwin ya mostraba el primer interés hacia el niño y su desarrollo). Paralelamente, en Europa, Sigmund Freud creaba el psicoanálisis, centrándose en la mente enferma y en querer comprender la personalidad, dando importancia al inconsciente, a la sexualidad, a la agresión y también a lo ocurrido durante la infancia.

En 1880, en América del Norte, Emmett Holt —un profesor de pediatría— elaboró un folleto para madres recomendado no tomar al bebé en brazos si lloraba o no mimarlo con demasiado contacto físico, ya que pensaba que muchos de los problemas de los lactantes se debían a que los padres eran demasiado afectuosos, por lo que prestarles demasiada atención era una forma calculada de malcriarlos. Estas ideas tuvieron buena acogida entre médicos y enfermeras, y las madres de la época, queriendo lo mejor para sus hijos, las llevaron a la práctica.

En los años treinta, también en América del Norte, había psicólogos que no estaban de acuerdo en estudiar para qué servía la mente, tal como se había hecho hasta el momento; pensaban que la psicología debía servir para controlar la conducta, para predecirla... Estos eran los conductistas. Ellos defendían una psicología científica, objetiva, con experimentos de laboratorio que se pudieran controlar y replicar. Creían en una continuidad entre el animal y el hombre, por lo que sus hallazgos en especies como las ratas blancas, las palomas o los gatos podían generalizarse al ser humano. En aquella época, todavía no se podía medir la mente humana, ya que no existían aparatos como los de hoy en día, así que creían ser realmente científicos y objetivos.

Dentro de esta corriente, en 1928, John B. Watson —profesor de psicología de la Universidad Johns Hopkins— escribió un libro de crianza titulado *Psychological Care of Infant and Child*, que se convirtió en la forma que se creía «científica» de criar y cuyas prácticas se recomendaron a todas las madres de la época. En su libro, Watson homenajeaba a Holt, el profesor de pediatría que había escrito el folleto para madres, y reforzaba y agravaba sus errores recomendando:

- Evitar el contacto físico con el niño para que no se vuelva dependiente de sus padres.
- Mantener la distancia emocional respecto a los hijos, no besarles, abrazarles o acariciarles.
- No responder con demasiada rapidez al llanto.
- Enseñar a los niños a controlar un horario de comidas y sus esfínteres.
- No prestar demasiada atención a los niños para no malcriarlos.

Todas estas ideas tenían un objetivo detrás: crear niños independientes, que era el tipo de ciudadano ideal para la época y el país. Pero no se basaban en ningún estudio científico, ni en lo que realmente ocurría por dentro del niño cuando se llevaban a cabo ni en las repercusiones a largo plazo.

Esta corriente tuvo un gran auge entre los años treinta y sesenta, y no solo repercutió en la crianza, sino también en la educación, donde comenzaron a difundirse prácticas como las siguientes:

- Técnicas de modificación de conducta tipo economía de fichas (tablas que se rellenan con pegatinas para conseguir algo o eliminarlo).
- Premios y castigos.
- Ignorar como técnica para eliminar algo no deseado.

Este tipo de prácticas tienen aquí su base, cuando se investigaba con animales y no se tenía en cuenta el cerebro, la mente o las emociones de un ser humano porque aún no se sabía cómo hacerlo. Se basaban en la conducta observable, es decir:

- Si al dar un premio se hacía algo más veces, era un éxito.
- Si al retirar algo que le gustaba, dejaba de hacer algo, también era un éxito.
- Si le dejabas llorar solo en la habitación, pero finalmente se dormía, era un éxito.
- Si ignorabas el llanto y dejaba de llorar, era un éxito.

Lo importante era lo observable, sin saber lo que realmente estaba pasando por dentro de la persona.

Deberíamos plantearnos por qué hoy en día, cuando sí se tiene en cuenta lo que ocurre por dentro de la persona, las emociones y las repercusiones a largo plazo, siguen estas prácticas tan presentes en las aulas. Pero las consecuencias de tratar a bebés y niños pequeños de esta forma no se hicieron esperar: los niños que vivían en instituciones, a pesar de que eran alimentados y recibían atenciones médicas, llegaban a sufrir síndrome de hospitalismo, «marasmo» y las tasas de mortalidad de los menores de un año eran altísimas, habiendo centros en los que morían el 100 % de los niños. Pronto se dieron cuenta de que los cuidados institucionales tenían efectos negativos sobre el desarrollo físico y emocional. ¿Por qué ocurría esto?

En los años cincuenta, se realizaron una serie de investigaciones para intentar averiguar y solucionar lo que estaba ocurriendo. La teoría del apego, aunque no fue una corriente psicológica en sí, sino varias investigaciones diferentes, repercutió en gran medida en la forma de criar y dio un giro a las prácticas que se estaban llevando a cabo hasta el momento. Su mayor representante, John Bowlby, realizó un informe para la Organización Mundial de la Salud (OMS) sobre la pérdida afectiva que sufrían los niños que vivían en orfanatos, en el que llegaba a la conclusión de que lo importante para sobrevivir y ser una persona emocionalmente sana no era que el niño comiera o estuviera limpio, sino el cariño y la seguridad afectiva (lo que él denominaba «apego») que le daba una figura de referencia para desarrollarse de manera adecuada. Justamente, la parte que el conductismo desatendía y pretendía evitar.

Por su parte, los psicoanalistas y los conductistas creían que los vínculos eran secundarios, y que lo que hacía que una «cría» se vinculara a la madre era el alimento, por lo que, una vez esta pudiera alimentarse sola, debía primar la independencia (considerando este tipo de necesidades o conductas como regresivas).

Desde otras perspectivas, como la etología, el psicólogo estadounidense Harry Harlow también estudió los efectos de la privación de los cuidados maternos en los macacos. Siguiendo la teoría de que las crías se apegaban a sus madres por el alimento que estas les proporcionaban, encerró en jaulas a monos con dos madres sustitutas, una de alambre y una de felpa: la de alambre le proporcionaba alimento, ya que llevaba un biberón, y la de felpa no le daba comida. La lógica marcaría que el mono buscaría el alimento, pero la realidad fue distinta: el mono permanecía agarrado a la madre de felpa y solo recurría a la de alambre el tiempo mínimo para alimentarse, buscando de esta forma la protección, el contacto y la seguridad. Konrad Lorenz, zoólogo y etólogo austriaco, descubrió que había animales —como algunas especies de insectos— que, a pesar de que se alimentaban solos desde el inicio, mantenían vínculos de apego. Así que quedó demostrada la importancia de los vínculos y cómo estos no se creaban por el alimento, sino que su función principal era la de protección.

Los orfanatos cambiaron lógicamente sus políticas y Emmi Pikler (pediatra vienesa de la que hablaremos más adelante), quien ayudó a favorecer el vínculo con las educadoras a través de los cuidados cotidianos, el movimiento y el juego libre, consiguió eliminar el síndrome de hospitalismo dentro de una institución para que los niños que se criaban allí pudiesen alcanzar un desarrollo favorable.

En los años sesenta, volvió a cobrar interés estudiar la mente porque creyeron que era posible analizarla como si fuera un ordenador. Así nació el cognitivismo y se fueron creando aparatos que permitían medir la mente y lo que ocurría dentro de ella en diferentes situaciones (desde los que permitían medir las hormonas hasta la tasa cardiaca o la conductancia de la piel); de esta manera, se pudo acceder por primera vez a saber, por ejemplo, qué pasaba en el interior de un niño que se dormía llorando. Así, al observar científicamente lo que ocurría dentro del cuerpo (y ya no solo siguiendo la conducta detectable exteriormente), junto con el hecho de volver a hacerle caso al instinto gracias a la investigación sobre la importancia de los vínculos afectivos para un desarrollo emocional sano, y a la influencia de posteriores corrientes psicológicas, se pudo demostrar que un bebé necesita contacto, que atiendan sus necesidades, así como su llanto, y que al hacerlo no se le estaba causando dependencia alguna ni tampoco se le estaba malcriando (más bien al contrario).

Somos altricios secundarios

El bebé humano tiene una serie de necesidades y la cultura influye en la forma de crianza, es decir, en cómo las satisfacemos. Pero ¿por qué nuestros bebés son cómo son? En el reino animal se distinguen dos tipos de crías: las altriciales y las precociales.

Las crías altriciales tienen el cuerpo y el cerebro pequeños, su gestación es corta, tienen varias crías a la vez que nacen muy poco desarrolladas y tienen que madurar a través de un largo aprendizaje, como es el caso de los ratones, los polluelos o los leones. De hecho, volviendo a la historia de la psicología, los conductistas realizaban muchos de sus experimentos con ratas y palomas para luego extrapolar sus resultados al ser humano (como podemos comprobar aquí, el ser humano no es de este tipo de crías).

Las crías precociales tienen cuerpos y cerebros grandes, su gestación es larga y tienen pocas crías porque han de protegerlas. Son capaces de realizar funciones propias adultas de la especie prácticamente desde que nacen, ya que crecen más dentro del vientre que fuera, como es el caso de los gorilas o los elefantes.

Los seres humanos no somos ni altriciales ni tampoco precociales: somos altricios secundarios. Esto significa que nacemos poco desarrollados —como los altriciales—, pero en cambio la gestación no es corta ni se tienen muchas crías cada vez. Tenemos pocas crías —como los precoces—, pero el bebé humano no puede caminar al poco de nacer, como hace por ejemplo el elefante. Somos una mezcla de rasgos altriciales y precociales que nos diferencian del resto de primates. ¿Y por qué razón somos diferentes?

La exterogestación

Hace 4.000.000 de años los homínidos comenzaron a andar sobre dos piernas en vez de sobre cuatro y alcanzaron la bipedestación. Para conseguir caminar sobre ambas piernas la pelvis se modificó, se adaptó para poder sostener los órganos en posición erguida, estrechándose al cambiar el centro de gravedad (lo que también modificó el canal del parto, volviéndose menos accesible y con la punta del sacro acercándose hacia los huesos púbicos). Hace medio millón de años, apareció una nueva modificación en nuestra especie: el cerebro multiplicó su tamaño. Debido a este mayor tamaño de la cabeza y el estrecho paso pélvico, el bebé humano comenzó a nacer antes de que la gestación se hubiera completado, con un sistema nervioso central sin desarrollar, por lo que este tiene que hacerlo fuera del útero.

El bebé humano necesita una exterogestación; es decir, una gestación dentro del útero y una exterogestación fuera de él para terminar de completar la primera. Teniendo en cuenta esto, las condiciones extrauterinas deberían ser lo más similares posibles a las de dentro. ¿Y cuánto dura esta exterogestación? Pues depende del autor al que hagamos referencia; lo que ninguno duda es de su existencia y su necesidad. Bostock, por ejemplo, propone como límite de la exterogestación el inicio del gateo, sugiriendo así el mismo tiempo tanto dentro del útero (266,5 días) como fuera (266,5 días). Thomas Martin, paleontólogo y anatomista de primates, habla de una gestación de veintiún meses: nueve dentro del útero y doce fuera de este (tiempo que coincide con la aparición de las primeras palabras, el desplazamiento y la alimentación autónoma).

Los bebés humanos, por lo tanto, nacen inmaduros, con un cerebro sin completar, por eso no pueden hablar ni caminar. Nuestros bebés nacen dependientes; es decir, la dependencia no se crea, vienen de serie con ella y es natural y necesaria en el ser humano. Durante los primeros meses el bebé se siente en fusión con su madre, una prolongación de ella, dependiente para vivir y, poco a poco, si recibe atención continua y se satisfacen sus necesidades, durante este periodo de exterogestación, va adquiriendo progresivamente una sana autonomía.

¿Y cuáles son esas necesidades? Los bebés las tienen de diferentes tipos, tanto físicas como emocionales; las primeras nadie las pone en duda (incluso en las épocas en las que, como hemos visto, el bebé no salía muy bien parado, se le alimentaba, se le limpiaba... aunque claro está, siempre poniendo limitaciones). Las segundas, las necesidades emocionales, nos cuesta más satisfacerlas, ya que en nuestra sociedad enseguida se le atribuyen al bebé capacidades que no tiene: «es cuento», «te toma el pelo», «se malacostumbra», «tiene mamitis», «en verdad no le pasa nada»... Estas observaciones no solo le restan valor a las necesidades, sino que, como ya hemos visto, el ser humano es capaz de enfermar (incluso de morir) si estas no se satisfacen a pesar de que disponga de alimento.

También existe una tendencia a que los bebés «aprendan a esperar» o, siguiendo el vocabulario sobre emociones que está tan de moda hoy en día, a que «aprendan a tolerar la frustración», demorándoles así la respuesta a sus necesidades básicas. Las necesidades de los bebés son auténticas y debe responderse a ellas; es absurdo pretender «enseñar» una cualidad para la que no están preparados, puesto que la parte de su cerebro que se encarga de ello, aún no está madura. En el día a día de un bebé hay muchos momentos que, inevitablemente, les van a causar frustración y en los que no podremos hacer nada; sin embargo, una cosa son los contratiempos que ocurren en la vida real y otra muy diferente es generar situaciones y esperas para que se frustren (como demorar algo tan básico como la comida). Y claro que nos encontraremos situaciones en las que no podamos atender su necesidad en ese momento. ¡Imagínate en un aula! Pero los miraremos, les hablaremos y se lo diremos; puede que no entiendan el significado de las palabras, pero, por lo menos, les habremos prestado atención, que es otra de sus necesidades básicas.

Alimentación a demanda

Los niños y los bebés —igual que el resto de los animales— comen lo que necesitan; tienen mecanismos innatos para elegir los alimentos que deben ingerir, la cantidad adecuada y el momento preciso. Los bebés, por ejemplo, no tienen noción del tiempo ni de espera, así que cuando demandan una necesidad primaria es porque la requieren en ese momento.

En realidad, los horarios de las comidas (el momento del desayuno, el almuerzo, la merienda, la cena...) no comparten una relación directa con lo que nos pide el cuerpo, sino que más bien se ajustan a unas pautas laborales, escolares y sociales. Como contamos con unas ciertas horas dedicadas, por ejemplo, al trabajo, es preciso adaptar los tiempos de comidas en función de nuestras otras responsabilidades para que ambas no coincidan; al hacer esto, estamos desatendiendo las señales que nos dice el cuerpo. Por ejemplo, ¿a que no se come a la misma hora un día laborable que uno festivo? ¿O en vacaciones? Ajustarnos a un horario para comer es algo cultural. Además, no todos los alimentos se digieren en el mismo tiempo, por lo que habrá ocasiones en las que será sencillo aguantar hasta el siguiente momento establecido para comer, y otras que no.

Nuestros niños y bebés saben, pues, cuándo necesitan

alimentarse, qué comer y en qué cantidad; de hecho, solo ellos lo saben, así que no tiene ningún sentido (ni es respetuoso) obligar a un niño a comer, ni forzarlo con eso de «una cucharadita más» ni chantajearlo con «si te comes esto, haremos lo otro». Y mucho menos chantajes que pongan en juego el vínculo que hemos visto que es tan importante con frases como «si no te lo comes, no te querré» o «si te lo comes, mamá se pondrá contenta». Tampoco es recomendable entretenerlo para ir introduciéndole comida en la boca sin que el niño sea apenas consciente de lo que está sucediendo.

Quizá pensaréis «ya, pero si le dejo comer lo que quiera, solo comerá chucherías». Este es un punto clave: los niños pequeños no tienen ni el dinero ni la capacidad de ir a comprar alimentos insanos, es decir, que somos los adultos los que los adquirimos, los que se los ofrecemos un día y también los que luego nos quejamos. Lo adecuado sería que la oferta de alimentos fuera sana y, dentro de una variedad de alimentos, que pudieran comer lo que necesitan. Esto no significa que los niños no se sienten a la mesa en familia, o que coman en cualquier parte y de cualquier manera. Los momentos en los que se comparte mesa en familia son muy importantes, pero quizá los pequeños no lleguen a este momento con el hambre suficiente para terminarse todo lo que hay en el plato o quizá necesiten tomar antes la merienda.

¿Y LOS BEBÉS?

Si los niños pequeños saben lo que necesitan, los bebés, con más razón aún: la lactancia —sea natural o artificial— debe ser «a demanda», y eso significa que el horario lo marca el bebé y no el reloj (cada tres horas no significa «a demanda»). Tampoco deberíamos preguntar en las escuelas infantiles

«¿cuándo fue la última toma?»; quizá la información nos sirva para tener todo lo necesario más preparado, pero no para calcular la próxima toma del pequeño. Los bebés muestran señales de cuándo necesitan comer, y lo ideal sería saberlas interpretar antes de que estos lleguen a llorar. Las famosas tres horas entre tomas se impusieron en una época en la que el biberón comenzó a tener mucha fama y la razón para ello fue que la leche de fórmula se digería mucho peor (la leche materna tarda unos veinte minutos en digerirse y, en cambio, la de fórmula cerca de cuatro horas) y, por lo tanto, había que dejar pasar un tiempo para respetar el estómago del pequeño.

Las condiciones en las que se ofrece el biberón deberían ser lo más similares posible a cómo se ofrece el pecho: a demanda, en brazos (no en una hamaca, en un carro o dejando que se lo tomen solos), en contacto de piel con piel y alternando ambos lados en la misma o en la siguiente toma (ya que con el pecho toman primero de uno y luego del otro) para poder así recibir los mismos estímulos. La cantidad también debe verse sujeta a demanda, y retirarse el biberón cuando ya no quiera más, sin tenerlo que terminar.

La evolución de la lactancia

En nuestra sociedad se confía muy poco en la lactancia, y es habitual oír a las embarazadas decir «si puedo le daré el pecho». ¿Si puedo? Nuestro cuerpo está preparado para ello. Igual que lo está para gestar, lo normal y habitual es tener leche. De hecho, hasta 1867 no se inventó la primera leche de fórmula. ¿Cómo sobrevivió nuestra especie hasta entonces? En los años cuarenta en EE. UU. apenas daban el pecho un 20 y 30 % de las madres porque se veía como algo del pasado, idea que no es de extrañar si la unimos a las pautas de crianza que había en la época, en las que era habitual no malcriarlos y enseñarles a esperar.

El biberón adquirió un significado cultural de modernidad, de ciencia y de libertad, aunque, por cierto, al llevarlo a países subdesarrollados sin condiciones sanitarias adecuadas, generó una elevada mortalidad infantil. En España se puso de moda en los años setenta y llevó a creer a muchas madres que no tenían leche. Era la época en la que separaban a la mayoría de los recién nacidos de sus madres nada más nacer y en los nidos de los hospitales imponían un horario para las tomas (estamos hablando de mujeres que pueden ser perfectamente, hoy en día, nuestras propias madres o suegras). Pero la realidad es que esta (creencia de) «falta de leche» solo ocurrió en los países industrializados de Occidente. Claro que hay casos en los que existe un motivo físico que impide dar el pecho, pero se reducen a un 5 % de las lactancias; el otro 95 % puede, independientemente del tamaño y la forma de sus pechos o pezones, dar de mamar a su bebé.

MITOS Y VERDADES SOBRE LA LACTANCIA

Después del nacimiento, la leche tarda unos días en subir al pecho de la madre, pero esta acaba haciéndolo siempre que pongamos al bebé al pecho y lo estimulemos. El bebé, mientras tanto, toma calostro, un fluido de color amarillento y espeso repleto de proteínas y nutrientes que, aunque nosotras apenas lo veamos, para ellos es oro. Además, al succionar el pecho, el bebé se calma y su cuerpo está preparado de nuevo para alimentarse gota a gota. ¿Habéis buscado información del tamaño que tiene el estómago de un recién nacido? Si el bebé llora, en vez de pensar que se debe al hambre podríamos barajar primero cómo ha sido esa transición de la vida intrauterina al exterior, si estamos realizando una exterogestación o si han venido muchas visitas antes de colocarle un chupete o darle directamente un biberón hecho de fórmula (que lo saciará, hará que se quede dormido y lo privará de succionar y estimular el pecho donde se encuentran las gotas de calostro, que es lo que realmente necesita).

Otro dato importante es que la lactancia no tiene que doler y las grietas no deberían aparecer. Las hemos normalizado en nuestra cultura, quizá porque la industria nos ofrece cremas y pezoneras en vez de ir a la causa: el bebé no está agarrando bien el pecho. En estos casos, hay que buscar asesoramiento y que nos ayuden a encontrar el agarre correcto. La succión de una tetina —tanto del biberón como del chupete— es diferente a la del pecho, de ahí que, si el bebé toma lactancia materna, se recomiende un tiempo de varias semanas antes de colocar un chupete.

Hablando de succión, es una necesidad del bebé que muchas veces se interpreta como un capricho. La succión puede ser nutritiva y también no nutritiva, que es cuando se dice: «te usa de chupete». No, el chupete intenta imitar un pezón y se inventó para hacer de pecho. Los niños necesitan succionar, les relaja. Las investigaciones establecen que el destete natural ocurre entre los treinta y seis meses y los siete años; solo en Occidente se desteta generalmente antes del primer año de vida y, por lo tanto, los niños siguen necesitando algo que succionar: el chupete, el dedo, la ropa, ciertos objetos... Como curiosidad, en los pueblos primitivos, donde se amamanta a las criaturas cada vez que lloran, no existe la costumbre de chuparse el pulgar.

Sabemos que los niños necesitan succionar, por eso solemos colocarles un chupete, que a veces no hay forma de que «lo cojan». No obstante, lo que realmente necesitan es succionar del pecho materno, ya que este tipo de succión no nutritiva no deforma el paladar ni los dientes; al revés, tiene beneficios para la musculatura orofacial y el habla. Sin embargo, por diferentes motivos, esto resulta sino imposible, al menos difícil: porque el bebé se alimenta de lactancia artificial, porque su madre comienza a trabajar, porque el pequeño asiste a la escuela infantil o porque, simplemente, el adulto así lo decide, emplea el chupete como asistencia. Conforme el niño va creciendo —generalmente entre el primer y segundo año— decidimos que ha llegado el momento de retirarlo (muchas veces de forma brusca y por medio de engaños, como dándoselo a Papá Noel, o diciendo que lo necesitan otros bebés, que se ha perdido...) sin tener en cuenta que la succión es una necesidad que suele durar lo mismo que la lactancia. Si la necesidad existe en el pequeño, este pronto buscará un sustituto para satisfacerla.

¿Siete años? La leche materna cambia a lo largo del tiempo; llega a cambiar hasta a lo largo del día e incluso en la misma toma, ya que se ajusta exactamente a lo que el niño necesita. Por ejemplo, por la noche tiene mayor contenido graso y sale más fácilmente. Al final de cada toma también hay más grasa, que es necesaria para los bebés, por lo que carece de sentido aquello de «diez minutos en cada pecho», puesto que, en muchos casos, se pierden la parte rica en grasa. El bebé puede estar en el pecho el tiempo que quiera, incluso mamar solo de uno de los dos lados en cada toma. En función de la succión, él mismo ajustará la toma. Es la ley de la oferta y la demanda: si el bebé mama mucho, la madre produce mucho, y si el bebé mama menos, la madre produce menos. Lo que está claro es que la leche «no se acaba», «no se va». Es cierto que al principio sentimos los pechos hinchados, llenos, pero poco a poco vuelven a ser los de antes y ya no necesitamos discos protectores porque la leche no rebosa. Esto no significa que no haya leche, sino que el propio cuerpo se regula.

Si el peque mama una vez al día para dormirse, el cuerpo se regulará para eso y la leche no desaparecerá, pero si se pone malo, rechaza otros alimentos y comienza a succionar más, el cuerpo producirá más. Por eso, si tenemos que volver a trabajar, podemos mantener la lactancia, ya que el cuerpo se regulará a los momentos en los que el niño mame (aunque al cuerpo al principio le cueste un poco). En este caso, si queremos sacarnos leche para que alguien se la dé en nuestra ausencia, tendremos suficiente para las tomas que hagan falta (porque si le demandamos al cuerpo más, este nos la proporcionará). Aunque es probable que el bebé que toma pecho, si la ausencia de la madre no es muy larga, rechace beber leche materna de cualquier otro recipiente (recordar que, más allá del biberón, también existen el vasito, la cucharita, la jeringuilla...). De hecho, hay bebés que pueden estar cuatro o cinco horas sin tomar nada y, una vez se reencuentran con el pecho de su madre (o incluso por la noche), compensan lo que no han mamado durante el día.

«¿Y si se queda con hambre?» La «calidad» de la leche es otro tema que preocupa mucho en nuestra sociedad. La lactancia es a demanda, así que si se «queda con hambre» y al rato de la toma vuelve a pedir, le podemos volver a ofrecer, ya que nuestros pechos no se «gastan». Pensad en un niño que ya come alimentos e imaginad que nos damos cuenta de que el día que come sopa vuelve a tener hambre más pronto. ¿Dejaremos de ofrecerle sopa? No sería lógico, le proporcionaríamos comida de nuevo cuando tuviese hambre. Con esto no quiero decir que si creemos que se queda con hambre complementemos su alimentación con fórmula, sino que, si el bebé está sano, podemos volver a ofrecerle el pecho sin que por eso creamos que nuestra leche no vale. Todas las leches valen. No tenemos que confundir las señales de hambre con el patrón mano-mano-boca que aparece sobre los tres meses de edad, a través del cual los bebés comienzan a llevarse los dos puños a la boca (se trata de un patrón que es parte del desarrollo y no tiene relación con la necesidad de alimentarse).

Como decíamos antes, la leche materna cambia a lo largo del tiempo. A partir de los dos años no «se vuelve agua», sino que continúa con todos sus beneficios y, además, tiene una mayor cantidad de anticuerpos. De hecho, la OMS recomienda lactancia materna exclusiva durante los seis primeros meses y, posteriormente, comenzar a ofrecer alimentos, pero sin abandonarla hasta los dos años, o más. Es decir, el tiempo en el que el bebé toma solo leche (sea materna o de biberón) debería ser de al menos seis meses, sin introducir agua, ni papillas ni infusiones. Después, la alimentación pasará a ser complementaria (que no quiere decir sustitutiva), es decir, el bebé seguirá tomando la leche en complemento (de ahí lo de complementaria) con algún alimento. Si sustituimos tomas o biberones por una papilla o un puré, el término correcto no sería «complementar», sino «sustituir».

El contacto y el tacto

Nuestros bebés, inmaduros y dependientes, necesitan una exterogestación y, por ello, les hace falta estar en las condiciones más similares al útero. ¿Y dónde mejor que en brazos? La necesidad de tacto y de contacto sigue siendo una de las menos reconocidas y es una de las más importantes. ¿Qué nos pasa con el contacto, que nos cuesta tanto darlo? Si el bebé tiene hambre decimos «pobrecito, que tiene hambre»; en cambio, si lo que necesita es que lo cojan y que lo mezan decimos «qué morro tiene». Si a ello le sumamos que la industria ha inventado todo tipo de hamacas (vibratorias, a motor...), es posible que nuestros bebés se pasen en ellas la mayor parte de horas del día, tanto despiertos como dormidos, solos y apartados de los demás. En cambio, lo que el bebé necesita, igual que el pequeño cavernícola o los niños de los orfanatos del siglo pasado, no es solo movimiento (que es lo que pueden ofrecer este tipo de aparatos), sino tacto, contacto entre dos personas. La piel es el sistema orgánico más importante del cuerpo, no podemos vivir sin ella. El contacto que necesitan nuestros bebés es mayor y más prolongado que lo habitual en el resto de mamíferos y tiene una serie de consecuencias fisiológicas y psicológicas tanto para la madre como para el bebé. Cuando un niño está en contacto con un adulto desciende su frecuencia cardiaca y su presión arterial; se estimula su sistema inmunitario, por lo que muestran mayor resistencia frente a enfermedades; se activa la secreción de endorfinas (que son un analgésico natural); se reduce el índice de cortisol y noradrenalina (las hormonas del estrés), y disminuyen la sensación de soledad, la ansiedad, el estado de alerta, el tono muscular... Es decir, el contacto físico tiene efectos en la salud.

Hasta una edad entre los seis y nueve meses un bebé no se concibe como un ser separado de su madre. Si se le aleja de ella, aumentará en él la tasa de cortisol, lo que provocará el llanto y hará que reclame la cercanía de nuevo. Separar a los bebés de sus madres es algo nuevo de los últimos noventa años en nuestra historia como especie, y que solo ocurre en la cultura occidental. Además, la piel es el primer medio de comunicación que utiliza el bebé; tanto es así, que hasta según cómo los adultos lo cogen, es capaz de evaluar quién lo quiere y quién no. Cuando el bebé está en brazos, en contacto, se siente confiado y, conforme va desarrollándose, puede sentirse seguro también a través de lo que ve o lo que le dicen. Al inicio, el contacto tiene más peso. Por eso, aunque intentemos calmar a un bebé que llora con nuestra presencia y con nuestra voz, es complicado. ¿Alguna vez ha llorado vuestro pequeño en la silla de seguridad del coche? Es muy difícil calmarlo sin parar y cogerlo porque el contacto, sentir nuestra respiración, nuestra piel y lo que le comunicamos a través de ella, es lo que le ofrecerá la seguridad que necesita.

A pesar de la importancia que tiene el contacto, seguimos oyendo «¡no lo cojas tanto que se va a acostumbrar!». ¿A qué? ¿A sentirse bien? ¿A que se beneficie su salud física y emocional? ¿A sentirse seguro y que le quieran? Parece que lo que nos da miedo es que la dependencia con la que nace el bebé vaya a ser para siempre y que al satisfacerla solo la alarguemos en el tiempo. Sin embargo, es temporal, siempre y cuando vayamos satisfaciendo sus necesidades y creando un vínculo afectivo seguro. Porque el bebé se irá desarrollando, su cerebro madurará y buscará explorar nuevos espacios e irá adquiriendo de manera progresiva su autonomía. En cambio, privar a los niños de una necesidad básica les genera malestar, tanto que se ha encontrado una relación directa entre el escaso contacto físico y la afectividad que se recibe de niños con una mayor violencia de adultos.

Disponibilidad ante el llanto

El llanto del bebé es el lenguaje con el que comunica un desajuste entre lo que necesita y lo que está recibiendo (además de una forma de expresión emocional). El llanto siempre merece ser escuchado y atendido —tenga el niño la edad que tenga— porque detrás de él siempre hay una necesidad. Los adultos estamos preparados genéticamente

para responder a él, por eso nos resulta tan complicado ignorarlo y también acompañarlo, ya que nos han enseñado desde pequeños que no se puede llorar («no llores»), sin buscar la causa que lo estaba generando. Desde algunas corrientes se recomienda ignorar el llanto de los niños para que así dejen de llorar; y es cierto que al final, cuando están agotados, acaban por no hacerlo, pero ¿a qué precio? El llanto pretendía comunicarnos algo, que había una necesidad que requería una respuesta por nuestra parte. Una necesidad que no hemos atendido y que seguirá estando presente, con el añadido de que el bebé ha tenido que enfrentarse solo a su ansiedad (cosa que todavía no está preparado para hacer y que genera el efecto contrario deseado). Es posible que cuando esta situación se repita en el tiempo, el bebé deje de llorar, pero también dejará de pedir, de comunicarse (¿para qué va a hacerlo si no recibe respuesta?). De esta forma solo se acabarán fomentando los vínculos de apego inseguros.

Estas corrientes solo tienen en cuenta lo observable. ¿Recordáis a los conductistas? Sin embargo, hoy en día podemos saber lo que ocurre por dentro de un bebé llorando. ¿Qué efectos puede haber a largo plazo? La publicación de 2012 «Maternidad y Salud, Ciencia, Conciencia y Experiencia», del Ministerio de Sanidad, Servicios Sociales e Igualdad del Gobierno de España, dice al respecto: «Los bebés que lloran experimentan un aumento de la temperatura corporal, del ritmo cardiaco y de la presión arterial. Estas reacciones provocan un sobrecalentamiento y podría representar un riesgo potencial de muerte súbita en los bebés vulnerables». En la misma publicación del Ministerio dice: «existen pruebas convincentes de que los niveles elevados de hormonas del estrés pueden causar cambios permanentes en las respuestas al estrés en el bebé. Estos cambios afectan a la memoria, a la atención y a la emoción, y pueden provocar una respuesta exagerada al estrés durante toda la vida, lo que incluye una predisposición a la ansiedad y trastornos depresivos». Aquí empezamos a encontrar esas consecuencias a largo plazo que mencionaba al hablar de la cultura porque, en realidad, ¿se tiene en cuenta en la escuela, cuando acompañamos una dificultad de aprendizaje, cómo fue la crianza o cómo se respondía a sus necesidades? ¿Somos conscientes de la relación entre dejar llorar a los bebés y la predisposición futura a la ansiedad y a los trastornos depresivos?

El sueño

Los bebés saben dormir (ya lo hacían en el útero) y, del mismo modo que os contaba al hablar de la alimentación, también conocen cuándo, cuánto y cómo necesitan dormir. Los niños pequeños también lo saben porque es una necesidad básica para poder sobrevivir. Entonces, ¿por qué el sueño es un tema que nos preocupa tanto? Pues porque somos los adultos los que queremos establecer ese cuándo, cuánto y cómo le hace falta dormir y, casi siempre, acabamos haciéndolo sin agacharnos a mirar al niño ni escuchar sus necesidades, atendiendo más bien a las nuestras que a las suyas.

Es cierto que somos nosotros los que tenemos obligaciones laborales, un horario y que necesitamos dormir, pero olvidamos que el sueño no es voluntario, es decir, no puedes quedarte dormido cuando quieres o cuando te lo ordenan. El sueño no se puede enseñar (aunque haya métodos que lo pretendan, y, de nuevo, a un duro coste) y es en este panorama cuando aparecen los conflictos entre cultura y naturaleza humana. Los bebés no pueden cambiar sus patrones de sueño para adaptarlos a los de los adultos; primero, porque es imposible —y cualquier intento de modificarlos va a resultar perjudicial—; segundo, porque no existe ninguna fórmula ni método para hacerlo (de hecho, los que pretenden enseñar a dormir, lo que realmente persiguen es que cuando el bebé se despierte no llore y no te llame para que tú puedas seguir durmiendo); tercero, porque el sueño del bebé es como es por alguna razón. Los patrones de sueño van cambiando a lo largo de toda nuestra vida, según lo que necesita nuestro organismo. Los niños pequeños pasan más tiempo en fase REM, momento en el que se desarrollan conexiones neuronales y aprendizajes, y se segrega la hormona del crecimiento, por lo que, si alguien tiene que adaptarse (y pueden hacerlo), deberían ser los adultos.

Y si nos parecía evidente que nuestro pequeño cavernícola durmiera acompañado, a pesar de que hoy en día ya no vivimos en una cueva y no hay peligros, para el bebé humano continúa siendo igual de importante. En la mayoría de las culturas, y a lo largo de la historia de nuestra especie, los bebés y los niños pequeños han dormido siempre acompañados; de hecho, solo llevan doscientos años haciéndolo solos (el tiempo que hace que en las casas hay varios dormitorios). Es lógico que, si recurrimos a la historia, en la época del conductismo en EE. UU. aparecieran métodos para «enseñar» a dormir a los bebés, que el sueño en compañía se asociase a algo negativo emocionalmente, y que se evaluara el grado de desarrollo del niño en función de si era capaz de dormir solo (vinculando esto a su nivel de independencia y madurez). Estos métodos, a pesar de ser perjudiciales —ya hemos visto las consecuencias en la atención, la memoria, la predisposición a trastornos de ansiedad y depresivos—, llegaron años más tarde a nuestro país y todavía hoy se siguen recomendando.

La publicación antes mencionada del Ministerio de Sanidad, dice: «Hoy en día, se sabe que enseñar a los niños a dormir en estas condiciones no produce beneficios físicos ni psíquicos». Los niños, pues, saben dormir. A lo largo de la historia se ha dormido en compañía (colecho), siendo lo más adecuado para el desarrollo humano: cuando el bebé y su madre duermen juntos, los patrones de actividad cerebral, el ritmo cardiaco, los movimientos musculares y la respiración se sincronizan, por lo que es beneficioso fisiológicamente para el bebé. Los bebés duermen de forma diferente cuando lo hacen en compañía que cuando lo hacen solos. Mientras dormimos, tenemos ciclos de sueño uno tras otro, y los de los bebés son más cortos que los de los adultos, por lo que cada vez que cambian de ciclo, los bebés se despiertan; sin embargo, si se sienten protegidos y seguros al estar cerca de un adulto, es probable que se vuelvan a dormir, pero si se sienten solos e inseguros, es posible que se despierten completamente.

Con esto no quiero decir que debamos meter a todos los niños en la cama de los padres, pero sí que tengamos en cuenta la naturaleza humana y sus necesidades y las respetemos. Si tu bebé duerme tranquilamente en su habitación y tú en la tuya, enhorabuena; pero si lo está pasando mal y seguramente tú también, tengamos en cuenta sus necesidades y escuchemos al instinto que te dice que quieres dormir con él y él contigo. Aunque te digan que «no lo hagas», haz caso a tu instinto; y sobre todo, elimina todos los prejuicios sobre dormir en compañía que existen en nuestra sociedad. Quizá por toda la historia previa, dormir en compañía se ve como algo negativo, cuando es de lo más natural. La Asociación Española de Pediatría (AEP) apoya los beneficios del colecho; la Academia Americana de Pediatría (AAP) recomienda desde 2005 que los bebés duerman en su cuna, pero en la habitación de sus padres (algo que ya es todo un logro teniendo en cuenta el historial previo); UNICEF elabora guías para poder realizar un colecho seguro; la publicación antes mencionada del Ministerio de Sanidad también lo apoya... En general, la investigación realizada a largo plazo con niños que han dormido durante años con sus padres no encuentra ningún efecto pernicioso, es decir, no existe ninguna consecuencia negativa a largo plazo de dormir con los niños, más allá de los mitos.

¿Y qué pasa en la escuela? Cuántas veces los educadores no tenemos formación suficiente sobre este tema y, además, podemos sentir prejuicios sobre el mismo (porque muchas veces se recomienda a los padres que «no los duerman en brazos» o que «les enseñen a dormir solos» pensando en el beneficio del adulto sin tener en cuenta el desarrollo emocional del pequeño y el daño que le estamos haciendo). Ya hemos hablado de la necesidad de contacto, y es cierto que en un aula de lactantes hay ocho bebés, pero que nosotros no tengamos dieciséis brazos no significa que sea lo correcto. Y mucho menos que al llegar a casa, cuando pueden recibir eso que tanto necesitan, también se les prive de contacto. Por otro lado, (mal)aconsejar desde la escuela infantil que en casa deben dormir solos es absurdo. ¡Pero si allí lo hacen en compañía! En la escuela duermen todos juntos en la misma habitación y sabiendo que el adulto no sale del aula, oye continuamente el ruido de la sala y hace saber a los pequeños que no están solos. Normal que haya niños a los que en casa intentan «enseñarles» a dormir solos con grandes conflictos y en la escuela lo hacen sin dificultades.

Prestarles atención y sintonizar

Otra necesidad básica de los bebés es prestarles atención, hacerles caso. Cuántas veces decimos, refiriéndonos a niños mayores, «lo hace para llamar la atención», en vez de pensar

¿qué es lo que necesitará este niño? Pues eso mismo, ¡atención! Nosotros mismos tenemos la respuesta, la nombramos y, en cambio, pretendemos que se sientan atendidos... ¡ignorándolos! Algunos llegan incluso a hacer cosas que saben que no pueden hacer («portarse mal», pegar), pero seguimos sin prestarles atención a pesar de saber qué es lo que necesitan.

La atención no es darles todos los caprichos que nos piden; tenemos que distinguir las necesidades auténticas —las emocionales, las que estamos nombrando hasta ahora—, que no deben ser negadas ni ignoradas, de lo que no son necesidades. Una cosa es lo que quieren (que es totalmente respetable) pero no es ninguna necesidad y otra es lo que necesitan, que no se debe negar. Que nos pidan juguetes, objetos materiales, chuches... no son necesidades auténticas y, en este caso, podemos prestarles atención y decirles de forma respetuosa que entendemos que les gusten, pero que no se lo vamos a comprar. Los niños necesitan sentirse mirados; nuestra mirada los acompaña y les presta atención. Y esto es más que simplemente ver. En todo momento estamos hablando de necesidades y de responderlas, pero para que ocurra algo que a simple vista parece tan sencillo tiene que haber una sintonización entre adultos y niños, una comunicación. Por ejemplo, cuando el bebé emite una señal hacia nosotros de que tiene una necesidad, nosotros debemos ser capaces de percibirla, comprenderla y responder adecuadamente, con placer, resultándonos satisfactorio. Para poder llevar a cabo esta sintonización hay que mirar, escuchar, prestar atención y estar emocionalmente disponible (por ejemplo, las madres deprimidas pierden esta sincronía y el sistema se descoordina).

Beneficios del vínculo en el pequeño

Bowlby, de quien hemos hablado unas páginas atrás, descubrió la importancia del vínculo de apego; el bebé, en función de cómo lo tratan sus principales figuras de referencia durante el primer año (y cómo estas atienden a sus necesidades), crea un tipo u otro de apego. El más saludable emocionalmente es el apego seguro.

El vínculo no comienza en el nacimiento, sino que sus orígenes comienzan a gestarse mucho antes, porque en el embarazo ya hay factores que influyen: cómo se concibe al bebé, si hay estresores, el apoyo que recibe y, sobre todo, la manera en que fue criada la futura madre. La calidad de este vínculo no solo influirá en los aspectos emocionales del bebé (que después será niño y luego adulto), sino también en los fisiológicos. Si se atienden sus necesidades, se irá moldeando su sistema nervioso, estableciendo cuáles deben de ser los niveles bioquímicos normales para ese niño en particular. Por lo tanto, en función de la atención recibida y de cómo se haya respondido a sus señales, el cerebro establecerá la respuesta que cree que es la normal.

Si al niño lo han dejado llorar para que se duerma, su respuesta al estrés será diferente a la de aquel otro cuyas necesidades se han respondido, se le ha acariciado, cogido, y cuyo cerebro ha producido más neuronas receptoras de cortisol (al haber desarrollado más receptores, tendrá mayor capacidad de absorber esta hormona cuando se libere en otras situaciones y de disminuirla). En función de las experiencias tempranas, también habrá zonas del cerebro que se desarrollarán de forma diferente; el aislamiento social, por ejemplo, generará daños graves en la corteza prefrontal; la ausencia de contacto físico y afectivo hará que algunas zonas cerebrales no se desarrollen. Por el contrario, el amor materno generará cambios en el hipocampo, esencial para el aprendizaje, la memoria y la respuesta al estrés.

Lo que no es apego seguro

Generalmente, al hablar de apego nos vienen a la cabeza palabras como «porteo», «colecho» o «lactancia» (términos sobre los cuales hemos ido hablando), pero podemos ver que el vínculo de apego no es solo eso, sino tiene que ver con las necesidades de los niños y las respuestas que nosotros les damos. El porteo, el colecho y dar teta pueden facilitarlo, pero no es determinante; puede haber un vínculo de apego seguro dando el biberón, llevando al bebé en el carrito y durmiendo en su propia habitación, siempre y cuando haya una respuesta sensible a sus necesidades, haya contacto, se le trate bien y con cariño. También puede haber un vínculo inseguro dando el pecho, llevándolo en brazos y durmiendo juntos.

¿Y cómo se facilita el apego seguro? Cuando la madre da el pecho, está necesariamente en contacto con el bebé y le aporta calor, olor, tacto, voz; el bebé se siente seguro y comienza una interacción entre ambos. Este contacto físico con el pequeño estimula que la madre segregue hormonas —como la prolactina y la oxitocina— que, además de producir leche, hacen que la madre se sienta tranquila, segura y pueda estar más atenta a las necesidades del bebé, previniendo al mismo tiempo la depresión postparto y un nivel elevado de estrés. Al llevarlo encima porteado, el bebé está en contacto con el adulto, algo que ya hemos visto que era una necesidad básica, por lo que aquel se siente seguro y el adulto, al tenerlo más cerca, puede atender rápidamente sus señales.

Ya hemos visto que el sueño en compañía se sincronizaba y que el bebé se sentía más seguro cuando se despertaba entre ciclo y ciclo de sueño y a los adultos les permitía responder con más rapidez a las señales de este. Pero ¡ojo! Cualquier tipo de porteo no tiene por qué ser adecuado: hay que buscar el portabebés que se adecúe al momento del bebé, que respete la curvatura de su espalda en forma de C y la posición de sus piernas en forma de M, con las rodillas más elevadas que el culo y con una sujeción de corva a corva, es decir, la parte de atrás de las rodillas; además, la tela debe adaptarse al bebé ajustándose punto por punto y nunca debe ir mirando hacia fuera.

La sobreprotección tampoco favorece un vínculo seguro; el bebé nace dependiente e inmaduro, pero, poco a poco, sus necesidades van a ir cambiando y los adultos deberemos ir respondiendo a ellas en consecuencia. De ahí que cuando sobreprotegemos, no escuchamos lo que realmente nos demanda el bebé, a la par que limitamos sus intentos de autonomía y, por lo tanto, no respetamos su desarrollo natural.

El tiempo

Hemos estado viendo que el vínculo de apego se va formando en función de cómo se trata al bebé (si se tenían en cuenta sus necesidades y se respondía a ellas). Los vínculos no se crean de la noche a la mañana, necesitan tiempo y espacio compartidos, y los bebés tardan casi un año en formarlo con la persona con la que están todos los días. ¿Cómo van a adaptarse a la escuela infantil en solo una semana?

Durante los primeros seis meses, el bebé se siente en fusión con su madre (o con la persona que lo cuida habitualmente), y empieza a diferenciarla del resto y a desarrollar una tendencia a estar en su compañía. Pero a partir de esos seis meses ya muestra una preferencia inconfundible, por lo que aparece poco tiempo después la «angustia de separación» y el «miedo a los extraños». El bebé comienza a adquirir la «permanencia del objeto»; esto significa que empieza a entender que las cosas siguen existiendo, aunque él no las vea. Hasta ahora, cuando un juguete que manipulaba desaparecía de su vista, no lo buscaba; ahora sí, así que sabe que cuando su figura principal sale de su vista sigue existiendo, y eso lo angustia porque no le gusta estar separado de ella (además, coincide con una etapa en la que los bebés comienzan a desplazarse y pueden ir a buscarla).

Por la misma época aparece el «miedo a los extraños»; el pequeño ahora diferencia con claridad a las personas que están con él habitualmente del resto, y de forma lógica, prefiere a las primeras y rechaza a las segundas. Cuántas veces oímos «pero si antes se iba con cualquiera»; claro, porque antes era más pequeño y sus capacidades eras distintas. Ahora son otras y es normal y esperable que actúe de esta forma, y no se debe a que se haya «malacostumbrado» o a que actúe de esa manera porque lo han cogido mucho en brazos.

A partir del año, el niño ya puede ir ampliando el número de figuras de referencia, sin limitarse exclusivamente a una, y se sigue manteniendo seguro y contento cuando está con ellas (y disgustado cuando estas desaparecen); incluso la separación momentánea genera protesta. A partir de los tres años —gracias a que el bebé ha seguido madurando, su cerebro se ha desarrollado y sus figuras principales han satisfecho sus necesidades, que lógicamente van cambiando en el tiempo— se produce un cambio en las manifestaciones de la conducta de apego. Ahora ya sabe que su figura de referencia sigue existiendo, aunque no la vea, y puede mantener una representación interna de ella, lo que permite separaciones más largas y de mayor duración. A los seis años, los que han tenido una relación sólida hasta el momento pueden soportar las separaciones sin dificultades, así como las adversidades (resiliencia), porque saben que, si lo necesitan, tienen a una serie de personas que los quieren y responden.

Este vínculo de apego no es algo exclusivo de la infancia, sino que dura toda la vida y, como veremos a continuación, repercute en nuestras relaciones futuras y en la forma que tenemos de entender el mundo. Lo que va cambiando, eso sí, es el grado con el que manifestamos las conductas de apego. Lógicamente, es muy intenso en la niñez —sobre todo en los tres primeros años de vida—, cuando se muestra una clara preferencia por estar en contacto con esa figura de referencia, ya que solo así el niño siente que garantiza su supervivencia. Pero este vínculo se mantiene activo toda la vida, hasta la muerte. Y pensaréis: ¿hay situaciones en las que el vínculo se vuelve igualmente intenso en la etapa adulta, situaciones en las que buscamos la proximidad con la figura de referencia como hace el niño pequeño? Claro, cuando está en juego nuestra supervivencia (si estamos enfermos, hemos tenido un accidente, estamos en apuros, asustados o creemos que podemos perder la vida), el comportamiento de apego se activa, Lógicamente vamos creando nuevas figuras de referencia a lo largo de la vida, las cuales necesitan de este tiempo y espacio compartidos para crearse: los padres, algún amigo, nuestra pareja...

Autonomía-exploración-aprendizaje

Me gusta utilizar el símil de una planta: tenemos la semilla —que sería nuestro pequeño— y nosotros hemos de garantizarle un ambiente adecuado, una buena tierra, regarla y esperar. Por supuesto, no debemos tirar de sus hojas cuando vemos que asoman, porque solo conseguiremos romperlas. Cuando la planta esté preparada, cuando haya recibido lo que necesitaba en el momento exacto, asomará un pequeño brote que crecerá y florecerá abriéndose al mundo. Es decir, cuanto mejor satisfagamos la dependencia natural y necesaria de los primeros años, mayor seguridad tendrá para adquirir una verdadera autonomía.

Y es gracias a la seguridad que le proporciona que su figura de referencia estará ahí para lo que necesite, que el pequeño puede irse separando de ella y comenzar a descubrir el mundo, a explorar el entorno y, por lo tanto, a aprender. Esta es la mejor «estimulación» que podemos ofrecerle a un niño: que se sienta seguro y que él mismo pueda ir explorando el medio y sus posibilidades, siguiendo su curiosidad y su interés, aprendiendo en el proceso.

Porque es aquí cuando comienza el aprendizaje. ¿Lo tenemos en cuenta en las escuelas? ¿Por qué damos prioridad a la estimulación de lo cognitivo, cuando desde el vínculo fluye de forma natural? Por mucho que intentemos «estimular» o «enseñar» conceptos, lo primero, lo más básico —incluso antes que la vivencia—, es el vínculo y si lo favorecemos y respetamos, los aprendizajes se conquistarán y serán auténticos; por el contrario, si solo nos quedamos en la superficie, en lo visible, pronto se olvidarán.

Seguridad-miedo

Disponer de un vínculo seguro favorecerá que el niño pueda irse a explorar el entorno porque se siente confiado y es como si estuviera atado por un lazo invisible a su figura de referencia. Cuando se sienta inseguro o en peligro, o tenga miedo, volverá a lo que se denomina «la base segura», a la persona que le permite su estabilidad emocional, que lo protege y garantiza su supervivencia. Cada vez que el peque sienta miedo o inseguridad necesitará la cercanía de su figura de referencia, ya que solo con su presencia se tranquiliza, se relaja y disminuyen su tensión, miedo y excitación. Por el contrario, la ausencia de esta figura altera su conducta y se siente intranquilo, por lo que al regreso necesitará de mayor contacto físico y durante más tiempo de lo habitual.

Hay muchas situaciones en la vida de un niño que pueden generar inseguridad: desde estar en un entorno desconocido, una fiesta de cumpleaños, el nacimiento de un hermano, un cambio de casa o comenzar a asistir a una escuela infantil. Son situaciones que antes de los tres años generarán un desequilibrio y, de nuevo, la necesidad de esa figura de referencia se hará más intensa. Por otro lado, la inseguridad no es un rasgo innato del niño, es consecuencia del tipo de apego que se ha creado en interacción con sus figuras de referencia.

Cómo tratar a los demás

Según cómo tratemos al niño, este se comportará con los demás, creerá que es la forma adecuada de hacerlo y el tipo de apego adquirido en nuestra infancia marcará las relaciones posteriores en un alto porcentaje: el 72 %. Es lo que se denomina «transmisión intergeneracional», y vuelve a repetirse el tipo de apego que hemos vivido en primera persona. En parte, es lógico. ¿Cómo vamos a dar aquello que no tenemos? Para ser cariñosos y atentos, hemos tenido que ser queridos y atendidos, pero esta situación no es inmodificable. La vida es larga y, a pesar de que los primeros vínculos condicionan y tienen un peso importante, pueden no marcar toda nuestra vida si en etapas posteriores se crean nuevos vínculos saludables.

Cómo se percibe a sí mismo y el mundo

Si a un niño lo dejan llorando en su habitación hasta que se duerme; si cuando se cae, en vez de recibir atención, le dicen «valiente, si no ha sido nada»; si cuando no tiene hambre le obligan a terminarse el plato; si cuando tiene una idea diferente a la de los adultos, no le hacen caso; si sufre una rabieta y le ignoran mientras llora; si cuando quiere ir andando por la calle al volver del parque, le meten a la fuerza en el carro a pesar de que arquea su espalda todo lo que puede para no hacerlo; si cuando necesita cariño y pide que lo cojan en brazos, le ridiculizan, diciéndole cosas como «¿Te has vuelto pequeño? Con lo mayor que tú eres...». ¿Qué visión tendrá del mundo entonces? ¿Y de sí mismo? ¿Creerá que merece ser querido y que es importante lo que él siente y lo que piensa? ¿Pensará que sus ideas tienen valor? Sus padres le quieren y creen estar haciendo lo correcto por él, pero el pequeño no está recibiendo ese mensaje.

En este ejemplo tan cotidiano, volvemos a observar la distancia entre naturaleza y cultura. De ahí que en función del vínculo que creemos con el bebé, este percibirá a los demás, el mundo y a sí mismo de una manera que medirá si merece o no ser querido, si el mundo es un lugar agradable o al que hay que tener miedo, si la gente puede ayudarle o tiene que arreglárselas solo, si merece ser escuchado y tenido en cuenta o es mejor callarse y ocultar los sentimientos...

La autoestima se irá creando en estos primeros años según el concepto que tenga de sí mismo y este irá forjándolo con los mensajes y el trato de sus figuras de referencia.

No se puede forzar

Puede parecer contradictoria la idea de que respetando la dependencia del pequeño se favorezca su autonomía. Por eso nos pueden dar ganas de intentar adelantar el proceso, de querer «estimularlo». Sin embargo, cualquier intento de acelerarlo solo conseguirá el efecto contrario: aumentar el miedo y, por lo tanto, la dependencia. La conquista de la autonomía es un proceso que requiere su tiempo y cada uno pauta el suyo sin comparaciones.

Cuando los niños son algo más mayorcitos y comienzan a ir a cumpleaños, los hay que siempre se integran en la fiesta desde el primer momento y otros, en cambio, necesitan estar un rato junto a su figura de referencia. Cuando ya han observado el espacio y lo que están haciendo allí, se unen a la fiesta, mientras que otros se quedan junto a las piernas del adulto toda la fiesta y justo cuando va a terminar, comienzan a jugar. Lo que está claro es que cualquier intento de seducción previo para que vayan a jugar y se unan al resto solo consigue el efecto contrario. ¿Por qué? Porque cada niño necesita un tiempo diferente para vincularse a un nuevo lugar y sentirse seguro (y menos mal que está presente su figura de referencia desde la cual explorar, si no, directamente muchos no hubieran ni entrado). Ridiculizar, comparar, chantajear o amenazar solo generará el efecto contrario en los pequeños. Seguro que pensáis: ¿cómo va a hacerle eso un padre a un hijo para que se sienta seguro? Pues la verdad es que hay un montón de ejemplos en nuestro día a día: desde el «con lo mayor que tú eres» a «pareces un bebé», «comes como el primito pequeño», «mira, tu amigo va andando y sin protestar», «¿qué vamos, para atrás?», «si lloras, no te querré», «si haces eso, me voy», «si no lloras en la guarde, te traeré chuches», «si no vas andando, nos vamos a casa...». En las situaciones en las que entra en juego el sentimiento de seguridad del niño (como dormir solo, cogerlo menos en brazos, quedarse en la escuela infantil, situaciones y lugares novedosos donde hay mucha gente extraña, etc.) deben respetarse los vínculos para que la autonomía que adquiera sea real.

Porque nadie pide lo que no necesita. Imaginaos que os habéis pegado una buena comilona, estáis llenos, tanto que solo oír hablar de comida os da asco. ¿Pediríais entonces más comida? Lógicamente, no. Pero ¿qué ocurre si en vez de eso solo hubieseis podido comer un trocito de pan? Estaríais alerta, desesperados en busca de alimento. Aunque parezca exagerado el ejemplo, a veces nuestros pequeños se sienten como en el segundo caso, pero hablando de cariño, de buscar seguridad y de cómo sus necesidades no son escuchadas, así que piden y piden y se aferran a la mínima miga de pan que les ofrecen. En cambio, si estuvieran llenos, no pedirían. Porque si un niño recibe todo el amor que necesita y lo tiene asegurado, puede dedicarse a otras cosas; en cambio, el que no irá en busca de lo más básico, de lo que más necesita para sobrevivir, y dejará de lado el resto de actividades.

Pero ¡ojo! Cuando esta situación se alarga en el tiempo adquiere un tinte distinto: de repente, dejan de pedir. El que solo se fija en la conducta externa dirá: «¿ves? Si ignoras el llanto, dejan de llorar, era cuento», «mira qué bueno es», «ya ha aprendido, ya no es caprichoso» o «lloró los primeros días en la escuela y luego ya paró...». Es muy diferente estar bien que resignarse; cuando las señales que emite un niño pequeño se ignoran de forma continua, este deja de emitirlas, pero no tenemos que confundir el hecho de que no haya señales porque ya no necesitan respuesta con que haya dejado de hacerlo porque se ha dado cuenta de que, por mucho que insista, nadie va a hacerle caso.

Hasta ahora hemos hablado principalmente del «apego seguro», pero hay otros tipos de apego, con una forma distinta de responder a las necesidades de los pequeños (y con otras repercusiones a largo plazo). Los apegos no son rígidos; lo normal no es que sean formas puras, sino que tengan rasgos de uno u otro tipo. Además, el niño puede tener apegos distintos en función de las diferentes figuras de referencia; por ejemplo, un apego seguro con su mamá y uno ambivalente con su papá, por lo que el panorama se complica.

La psicóloga estadounidense Mary Ainsworth llevó a la práctica experimental las hipótesis de Bowlby y estableció tres categorías de apego: «seguro», «evitativo» y «ambivalente», que se completaría más tarde con una cuarta, el «desorganizado».

APEGO SEGURO

Sobre el «apego seguro» poco más tengo que añadir, puesto que es al que he estado haciendo referencia en las páginas anteriores. Los niños con apego seguro del experimento de Ainsworth —denominado «la situación extraña», en el que se observaba cómo respondía el niño pequeño ante la separación, primero con el consuelo de un adulto desconocido y después con el reencuentro con su cuidador principal— respondían con ansiedad y lloros, dejaban de jugar, de explorar y buscaban a su figura de referencia cuando esta se marchaba y no aceptaban ser consolados por los desconocidos. Cuando regresaba, buscaban su proximidad, se consolaban fácilmente y pronto volvían a jugar. Porque un niño con un apego seguro verá a sus figuras de referencia como seres accesibles, sensibles y que responderán ante las dificultades que pueda encontrar en su camino. Este apego es la base para una buena salud mental adulta y favorece el crecimiento para convertirnos en personas emocionalmente seguras, capaces de utilizar sus sentimientos de guía, sociables, sin altos niveles de cortisol en situaciones de estrés, con confianza en que los demás nos escucharán y con estabilidad interna para pensar y esperar antes de actuar.

Apego evitativo

Los niños con un «apego evitativo» —según el experimento de Ainsworth— no mostraban ansiedad cuando la madre se marchaba y, mientras permanecían a solas con el adulto desconocido, continuaban jugando. Cuando su madre volvía tampoco buscaban la proximidad, solo se inquietaban si se quedaban totalmente solos. Resulta muy curioso que en nuestra sociedad creamos que este sería un patrón adecuado o esperable para un niño pequeño; de hecho, esto es lo que muchos adultos desearían que ocurriera cuando un niño comienza la escuela infantil y, en cambio, es un tipo de apego inseguro.

Si nos adentramos un poco más en este tipo de apego, podremos ver a grandes rasgos cómo es la actitud de la figura principal con el niño y cómo este responde. Los adultos en un apego evitativo son personas cuyo conocimiento de sus emociones está bloqueado, o por el contrario están muy preocupadas por ellas y no se sienten a gusto con sus propios sentimientos, por lo que no saben responder a los del bebé. Como no saben soportar sus propios sentimientos, mucho menos los aguantan en los pequeños: «no se llora», «cállate», «no seas malo». Tienen dificultades de «sintonización» para captar las señales del bebé, interpretarlas y responder adecuadamente a estas. Además, el contacto corporal y emocional con los niños no les parece importante, incluso lo rechazan y le quitan valor.

Por su parte, los niños con un vínculo evitativo son lo que socialmente denominaríamos «buenos», aunque debajo de esa fachada de pequeños que no piden atención y que «juegan» solos, hay unos niños que han aprendido a no mostrar sus sentimientos ni sus necesidades. Son niños que «parece» que están bien, que son fuertes e insensibles, porque externamente bloquean sus sentimientos e internamente su cuerpo los está experimentando. También su ritmo cardiaco se acelera, tienen altos niveles de cortisol, su sistema vegetativo se dispara y su organismo se desconecta. En ocasiones almacenan tantas emociones que la agresión aparece como válvula de escape.

Apego ambivalente

Los niños con un «apego ambivalente» del citado experimento mostraban altos niveles de ansiedad mientras estaban con su figura de referencia y exploraban de una forma ansiosa. Cuando esta se iba, gritaban, lloraban y protestaban, pero, en cambio, cuando regresaba, se mostraban ambivalentes entre el rechazo y la búsqueda de proximidad: estaban enfadados.

Aunque realmente la formación de vínculos es algo mucho más profundo y que tiene numerosas influencias (muchas de ellas inconscientes y con un gran peso de la transmisión intergeneracional), los adultos en un apego ambivalente podrían ser aquellos que creen que «un poco de cada no hace daño», que «podemos coger de cada corriente lo que más nos guste» o que van «probando» en función de los consejos que van recibiendo. Estos adultos responden a los niños de forma incoherente, impredecible, en función de sus propios sentimientos; a veces se preocupan de sus necesidades y otras las ignoran. Este comportamiento imprevisible hace que los pequeños siempre estén pendientes de ellos y alerta, esperando el momento adecuado para poder expresar sus sentimientos de forma intensa y obtener la atención que necesitan.

APEGO DESORGANIZADO

Por último, los niños con un «apego desorganizado» muestran un comportamiento inestable, contradictorio, falto de coherencia. Este apego tiene lugar en familias enfermas, con traumas, negligencias e incluso malos tratos.

El periodo de adaptación

Como educadora, y después de haber vivido unas cuantas adaptaciones de muchas maneras diferentes (y de conocer la importancia de los vínculos), me parece importante dedicar un espacio a hablar del tema. Nos cuesta hablar del periodo de adaptación porque en él chocan muchos intereses: los de algunos padres que igual no pueden o quieren estar en las aulas, mientras que otros están encantados de hacerlo; los de algunos educadores que pueden sentirse invadidos, observados y poco cómodos rodeados de padres; los de la institución, que quizá no quiera mostrarse... ¿Y los intereses de los niños? ¿Quién se acuerda de ellos?

Hablar de adaptación es hablar de vínculos, es hablar de su formación, de separaciones y de duelo. Las emociones humanas más intensas se dan en los momentos de formación, mantenimiento, ruptura y renovación de vínculos, y en una adaptación hay varios de ellos y por diferentes frentes: los niños, los padres, las familias, los educadores, el centro... Por supuesto, una adaptación no se resume en leer cuentos sobre la escuela antes de que comience, cantar canciones o hacer actividades y dinámicas, porque lo que aquí entra en juego es lo más básico, profundo e importante para el niño y su desarrollo posterior: los vínculos. Los niños, que hasta el momento habían estado en un entorno conocido y seguro para ellos con unas personas conocidas, de pronto tienen que vincularse a un nuevo espacio y a unas caras hasta el momento desconocidas; el tiempo que tardarán en sentirse bien en ese lugar, en crear nuevos vínculos y aceptar la ausencia de los que tenía hasta el momento, es lo que se denomina «periodo de adaptación».

Nosotros, los adultos, también necesitamos periodos de adaptación y también precisamos de un tiempo hasta que nos vinculamos a un nuevo lugar y a unas nuevas personas, aunque, debido a nuestro desarrollo y a que tenemos más herramientas, las manifestaciones de las conductas de apego, como ya hemos podido ver, son diferentes. Aun así, ¿cómo te sientes el primer día de un nuevo trabajo? ¿O cuando te quedas en paro? ¿O cuando te independizas del hogar familiar?

La vivencia del periodo de adaptación de los pequeños puede ser muy diferente en función de si respetamos sus necesidades o no. Si tenemos en cuenta al niño —y cómo se forman los vínculos afectivos—, el periodo de adaptación es sencillo, ya que consiste en comenzar a acudir a un nuevo lugar con unas nuevas personas de la mano de su figura de referencia (y desde la seguridad que esta le proporciona). Así podrá comenzar a explorar el entorno y a conocer a otras personas con las que ir creando nuevos vínculos.

Es lógico y evidente que la escuela, como un espacio donde van a pasar tanto tiempo, sea un lugar donde los niños adquieran apegos seguros, más allá de sus familias. El problema es que a veces —aun conociendo el desarrollo de los vínculos afectivos y encontrando un centro que los respete, además de unos padres dispuestos— contamos con un aspecto en contra: el tiempo. En ocasiones viene marcado por el trabajo de los padres, otras veces por la administración educativa. La creación de vínculos requiere tiempo y, aunque cada niño tiene el suyo, es posible que no se pueda dedicar a la adaptación el que merece.

La adaptación se puede vivir de una forma muy diferente cuando no se tiene en cuenta al niño y se establecen reglas arbitrarias como:

- Cuanto antes se escolarice al pequeño, mejor, que no se entera
- Mejor hacerlo sin padres y todo el horario
- Sin padres, pero comenzando muy poco tiempo e ir ampliando
- O con padres el primer día y luego solos...

La primera de ellas, creer que porque comiencen de bebés la adaptación será mejor, o que por lo menos no llorarán, es un engaño. Es cierto que el vínculo primario se va creando a lo largo del primer año de vida y que entre los seis y los nueve meses aparece la angustia de separación y el miedo a los extraños, pero no por cambiarlos de entorno antes de ese tiempo vamos a evitar que lo pasen mal; los bebés se van a sentir abandonados y, al no poder expresar ese malestar, muchos lo somatizarán (algo que se atribuirá a los virus de haber comenzado la escuela).

Cuando se recomienda que la adaptación es mejor sin la presencia de padres, lógicamente no se hace esto pensando en el niño; un menor de tres años no está preparado para afrontar una separación y protestará de todas las formas posibles: llegará incluso a vomitar y a quedarse dormido del agotamiento. Según Nancy Balaban (autora de obras sobre la observación y el registro de las conductas de los más pequeños), los niños se sienten infelices, abandonados, apartados y sin nadie que los quiera, y por eso se aterrorizan, se enfadan, lloran, chillan, tiran cosas, pegan, se quedan junto a la puerta, intentan escapar... ¡Y no es para menos! El niño no entiende por qué está ahí, no es capaz de imaginarlo por mucho que se lo expliquemos y lo vive como un abandono.

Aunque todos los niños viven el periodo de adaptación, no todos ellos lo exteriorizan de la misma forma y, por supuesto, también influirá el tipo de vínculo que tienen con su familia. Otros niños pasarán por el proceso como si nada (entran, juegan...), pero al cabo de unos días, estallarán.

También encontramos algunos que esconden sus sentimientos y no tienen un interés particular por aprender ni por los demás niños (a pesar, incluso, de que hayan pasado meses) y esta es una forma diferente de cómo se comportan en casa. Son niños que parece que nunca llegan a adaptarse y que han realizado una «pseudoadaptación». Otros se aferran a lo que traen de casa y no quieren ni quitarse la chaqueta...

Por supuesto, siempre será mejor que esta angustia dure poco a que tengan que estar la jornada completa, pero de ninguna manera será una adaptación que respete al niño. Ángeles Gervilla, catedrática de Didáctica y Organización Escolar de la Universidad de Málaga, nos habla de algunos niños que, en lugar de un periodo de adaptación, hacen un «periodo de resignación»: su conducta externa parece que expresa conformidad, que han abandonado su forma explícita de protesta, pero no han dejado de lado sus sentimientos internos y persisten las dificultades con la comida, la ausencia de contacto y de relación...

En más de una ocasión he oído que como no todos los

padres tienen disponibilidad para realizar el periodo de adaptación dentro del aula, lo mejor es que no esté ninguno, puesto que los que ven que su figura de referencia no está lo pasan peor. Afirmar esto es no saber interpretar las necesidades infantiles ni el desarrollo de los pequeños. Los niños no disponen de una teoría de la mente, de la que hablaremos más adelante: esto significa que no pueden ponerse en el punto de vista de otra persona, por lo que estos niños cuyos padres no están presentes en el aula se sienten solos y por eso lo pasan mal. Y se van a sentir igual de solos aunque el resto de adultos no estén en la sala, pero en este caso, los niños que sí estaban acompañados también van a sentirse abandonados.

A lo largo del tiempo que dura el periodo de adaptación, cuando lo realizamos sin tener en cuenta las necesidades de los niños, lo normal es que estos estén centrados en lo más básico —en su supervivencia—, porque se sienten en peligro. Es entonces cuando, lógicamente, no quieren comer, no juegan, no se relacionan con otros niños... y mucho menos realizan actividades, porque su necesidad principal, la de sentirse seguros, la afectiva, no está satisfecha. Si entendemos el periodo de adaptación como lo que es para el pequeño (un momento emocional intenso, de creación de vínculos, de separaciones, incluso de duelo), entenderemos que en casa percibamos cambios. A veces parece que están bien, pero muestran su intranquilidad durmiendo peor, teniendo pesadillas, terrores nocturnos, estando más sensibles, queriendo estar junto al adulto de una forma más intensa, sin perderlo de vista... ¿y qué se puede hacer? ¡Pues dar respuesta a esas necesidades!

En resumen...

Espero que este recorrido nos haya ayudado a tomar conciencia de cómo son nuestros niños, a centrarnos en ellos y en comprender por qué hacen lo que hacen, su desarrollo natural y cómo desde esa comprensión podremos tomar decisiones conscientes y vamos a poder acompañarlos. En nuestra sociedad, quizá lo que «se espera» de un bebé o de un niño pequeño no se corresponde con lo que es «normal». De hecho, las primeras preguntas que se le hace a una mujer que acaba de tener un bebé son: «¿Es bueno?», «¿Duerme?». Pues lo normal es que duerma como lo hace un bebé, despertándose cada poco tiempo. ¿Y qué entendemos por «ser bueno»? ¿Que apenas nos enteremos de que existe y que podamos continuar nuestra vida como si no estuviera? ¿Que no exprese sus necesidades? Los bebés son bebés y los niños son niños y tienen que *ser* niños, para que luego puedan *ser* adultos sanos. Por eso no todo vale. Si algo perjudica, si algo daña, no se debería llevar a cabo.

2

¿Cómo nos desarrollamos?

Un cerebro inmaduro

Como altricios secundarios, nuestros bebés necesitan de una exterogestación, ya que nuestro cerebro no está maduro al nacer porque debido a la pelvis más estrecha de la madre y al cerebro más grande del bebé, este último tiene que nacer antes de tiempo. Sin embargo, una vez pasada la exterogestación (más o menos con el primer cumpleaños), a pesar de comenzar a desplazarse, a comunicarse y a adquirir mayor autonomía, nuestro cerebro tampoco está terminado, ya que hay zonas del mismo que no se desarrollan del todo hasta pasados los veinte años de edad. Que nuestro desarrollo sea de esta forma tiene sus ventajas, puesto que nos permite ser más «plásticos»; es decir, que nuestra capacidad de adaptación según las circunstancias es mayor que en otras especies. Somos más creativos y además podemos seguir aprendiendo a lo largo de todo el ciclo vital (aunque la plasticidad es más intensa a menor edad).

El bebé nace con todas las neuronas en su cerebro,

pero el proceso de mielinización —las conexiones entre ellas— es lo que no está formado aún y estas conexiones dependen de la experiencia, de cómo se atiendan las necesidades de los niños, de cómo se les trate y de cómo se les acompañe, sobre todo en los primeros años de vida. Las conexiones que más veces se repiten en la primera infancia se graban y establecen la respuesta «normal» para ese niño en particular; en cambio, las que no se usan se pierden. Aunque el cerebro siga desarrollándose y determinadas áreas mantengan su capacidad de aprender, a los tres años el cerebro de un niño ya ha alcanzado el 90 % de su peso.

Aunque todos los niños tienen unos genes y un desarrollo común que va a seguir una serie de pasos, es importante conocerlo para saber por qué «hacen lo que hacen», para poderlo respetar y acompañarlos; el desarrollo del cerebro no depende solo de los genes, ya que el ambiente en el que se desenvuelve el bebé, las experiencias que se le faciliten, el acompañamiento por parte de los adultos y la crianza tienen un papel tan importante que pueden ir haciendo que el cerebro se configure de una forma y no de otra.

En este capítulo os voy a contar cómo es ese desarrollo natural de los primeros años, ya que conocerlo, comprenderlo, saber lo que es esperable y lo que es normal, nos ayudará a acompañar a nuestros pequeños de forma consciente y a no exigirles lo que no corresponde a ese momento evolutivo, aunque nuestra sociedad sí lo crea. La idea no es que encontréis recetas mágicas que solucionen todos los «problemas», sino más comprensión del proceso para que, desde esa toma de conciencia, de por qué «hacen lo que hacen», cada uno pueda encontrar la forma más adecuada de acompañarlos y respetar que puedan *ser* niños, que puedan *ser* ellos mismos.

Los tres cerebros

En los años cincuenta, el neurocientífico norteamericano Paul MacLean elaboró la hipótesis del cerebro triuno para explicar los procesos emocionales en todos los niveles de complejidad. Según esta teoría, el cerebro humano tendría tres cerebros en uno; el reptiliano —que sería el más primitivo y el que se encontraría más abajo—, el sistema límbico (o mamífero) —que sería el siguiente en aparecer en la escala filogenética y que estaría en la capa intermedia— y el neomamífero, con el neocórtex en la parte más arriba y externa. La posición en medio del sistema límbico, en la frontera entre los otros dos cerebros, es lo que hace que las emociones cobren tanta importancia y que influyan en todos nuestros actos. Aunque se diferencien tres partes, la verdad es que todas están interconectadas y forman una unidad, por lo que no hay áreas tan solo cognitivas o tan solo afectivas; las tres son importantes para la relación con el entorno y el aprendizaje. Aun así, distinguirlas de esta forma nos ayuda a entender por qué nuestros pequeños son como son.

El tronco cerebral

Junto a la médula y el cerebelo, que es la parte más profunda y primitiva, se halla lo que se conoce como «cerebro reptiliano». La función principal de esta zona es asegurar la supervivencia, funcionando sin que seamos conscientes de ello; así, regula la función cardiaca, la respiratoria, la térmica, el sistema visceral, la tos, el vómito, los reflejos primarios, el sueño y la vigilia. ¿Recordáis que el sueño no era algo voluntario? Este nivel del cerebro está formado al nacer y, para que funcione perfectamente, nuestra respuesta tiene que estar dirigida a satisfacer las necesidades de las que hablábamos en el primer capítulo.

El sistema límbico

Junto con el hipotálamo, constituyen el cerebro emocional, que está situado en la zona intermedia; es lo que se conoce como «sistema límbico» o «cerebro mamífero». En esta zona se dirigen las funciones endocrinas, vegetativas e inmunitarias adaptadas al medio y a las necesidades del individuo. Ahí también se encuentra la amígdala, responsable de emociones como el miedo. La amígdala se activa cuando percibe un peligro y responde de forma rápida y eficaz contra la amenaza. Por ejemplo, si el bebé se siente solo en su cuna e interpreta que es algo peligroso, llorará como respuesta. Este nivel está prácticamente formado al nacer y termina su maduración sináptica entre los cuatro y los siete años, según la estructura. ¿Recordáis la importancia de las experiencias placenteras en los primeros años porque se estaba construyendo el cerebro? Para que esta zona se desarrolle de forma adecuada es necesario que sintonicemos con ellos, que respondamos a sus necesidades, que les demos seguridad y afecto.

El neocórtex

Es el cerebro superior, la corteza cerebral, ciertos núcleos subcorticales, el cuerpo calloso y los dos hemisferios. Esta zona se encarga de las funciones más «humanas» —las más elaboradas y complejas— del soporte cognoscitivo, de lo que conocemos como aprendizaje escolar, el lenguaje, la conciencia, la capacidad de control e inhibición, el razonamiento, el juicio, el pensamiento, la imaginación, la planificación, la toma de decisiones, el control de las emociones, la empatía, el conocimiento de sí mismo, la capacidad de plantearse consecuencias...

Esta estructura es la más tardía a nivel filogenético y también la que necesita más tiempo para desarrollarse. Cuando el bebé nace, tiene los otros dos niveles prácticamente desarrollados, pero no este, al que le falta la mielina. No comenzará a tomar el mando hasta aproximadamente los tres años del pequeño, momento en el que nuestro lenguaje y el razonamiento pueden ayudarle en el desarrollo de esta zona. Esto no quiere decir que antes no utilicemos el lenguaje, solo que predomina el lenguaje no verbal sobre las palabras. Pese a todo, cuando los peques están cansados, tienen sueño o hambre, los otros dos cerebros toman el control (como ocurre, por ejemplo, en una rabieta). Además, el hecho de que esta zona se desarrolle tarde y no esté madura en los primeros años es la razón por la que «hacer esperar» a un bebé para que «aprenda» a tolerar la frustración es absurdo, puesto que no está maduro para ello y no «aprende» (en todo caso, se resigna y deja de pedir).

El cerebro humano se desarrolla, pues, de abajo hacia arriba, de adentro hacia afuera y de atrás hacia adelante y, aunque esto esté programado genéticamente para que así sea, las experiencias que se adquieren en la primera infancia gracias al trato que reciben los niños pequeños es lo que hará que se activen unos caminos u otros (si lo hacen los de la confianza, la seguridad y la autoestima o los de la inseguridad, el temor y la baja autoestima).

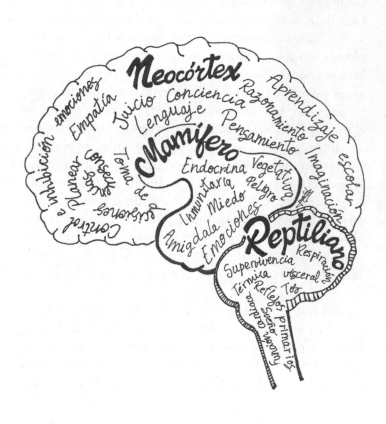

La corteza prefrontal y el vínculo

La corteza prefrontal es el área del cerebro encargada de:

- Decidir si una conducta es socialmente aceptable.
- La ética y la moral.
- La comunicación interpersonal sintonizada.
- Percibir las experiencias subjetivas ajenas.
- Reflexionar y razonar sobre la experiencia del momento y considerar las diferentes alternativas.
- El conocimiento consciente de uno mismo, la autoconsciencia y la memoria autobiográfica.
- Regular las emociones.
  (¿Y cómo hace esto último? Modulando e inhibiendo la actividad de la amígdala, que está en el sistema límbico, para que la respuesta emocional se ajuste a la situación y se adapte a lo que se espera adecuado en nuestra cultura, es decir, lo que conocemos como «inteligencia emocional».)

Se suele creer que un niño pequeño, a base de «enseñarle» y de repetirle una y otra vez lo que debe hacer o reprocharle su comportamiento, aprenderá. Pensamos que es capaz de hacerlo, y por eso oímos tan a menudo:

- «No llores», «no te enfades», «no grites», «no montes un numerito», «no se te puede sacar de casa». Sin embargo, para ser capaz de hacer todo esto, el niño tiene que regular sus emociones y adaptarlas a la situación en la que se encuentra.
- «Te pone a prueba», «te manipula», «lo hace porque sabe que te molesta». Para hacer esto, entre otras cosas, el niño tiene que poder percibir las experiencias subjetivas ajenas.
- «Lo hace queriendo», «¿no ves que le haces daño?». Para

poder hacer esto, tiene que ser capaz también de actuar de forma pensada, de reflexionar sobre las experiencias del momento y las consecuencias, de suprimir sus impulsos.

- «Hay que compartir», «si no compartes, no te dejarán sus juguetes». Para ello, tendría que percibir las experiencias de los otros, ser capaz de suprimir los impulsos, reflexionar sobre lo que ocurre en el momento y pensar en lo que sucederá en el futuro.

- «Te has portado mal, a pensar al rincón.» Sería útil si pudiese razonar, decidir si una conducta es socialmente aceptable, valorar diferentes alternativas y percibir las experiencias subjetivas ajenas.

- «Cuando pongamos tres pegatinas en la cartulina y la rellenemos, te daré un regalo.» Para entender la economía de fichas, tendría que ser capaz de todo lo anterior y poder proyectarse hacia el futuro.

Si antes he comentado que el cerebro se desarrolla de abajo hacia arriba, de detrás hacia adelante y de adentro hacia afuera, la corteza prefrontal, que es la encargada de todas estas funciones y que está en la parte más externa y delantera del cerebro, será de las últimas en madurar. Lo cierto es que se desarrolla muy tarde; los bebés y los niños pequeños carecen de lóbulos frontales funcionales y por eso esta área no se desarrolla por completo hasta los veinticinco o veintisiete años. Y, a veces, pretendemos que nuestros pequeños se comporten como si esta parte del cerebro estuviese desarrollada como la de un veinteañero. El hecho de que esta zona madure tan tarde es la razón por la que se comportan como lo hacen; no es que no quieran, «aunque se lo hayas dicho mil veces», es que simplemente no pueden.

La corteza prefrontal comienza a madurar entre el primer y el segundo año y continuará en desarrollo durante muchos años. Lo curioso es que esto no sucede sin más (dejando pasar el tiempo), sino que esta zona en concreto depende del ambiente. Para que la corteza órbitofrontal se desarrolle necesita de una experiencia social apropiada (con su figura de referencia, con interacciones agradables, que lo cojan en brazos, siempre en intercambio con el otro). Por eso los niños privados de afecto presentan déficits en la adquisición normal de las funciones ejecutivas.

Si aplicamos al aula lo que acabamos de ver sobre la función de esta área cerebral y su desarrollo en relación con las emociones, ¿no será más coherente un buen trato, con respeto en todo momento y con afecto, que leer cuentos sobre las emociones o hacer actividades y dinámicas?

Dos hemisferios

Además de «tres cerebros», tenemos dos hemisferios: el izquierdo y el derecho.

El hemisferio izquierdo se encarga del razonamiento lógico, lineal, secuencial y, por lo tanto, más lento, ya que integra procesos analíticos, nos permite orientarnos en el tiempo, sintetiza el lenguaje (es el hemisferio verbal), calcula, se encarga de la lectoescritura, es simbólico y proposicional.

Por su parte, el hemisferio derecho integra, procesa y guarda la información relacionada con las emociones, es responsable de la intuición y de la comunicación no verbal. Es más global y actúa más rápido, integra las imágenes (es el hemisferio visual), nos permite situarnos y orientarnos en el espacio. Se encarga del ritmo, del sonido y la prosodia, del tono emocional del mensaje, de la melodía y el tono de voz, de la imaginación, de interpretar el contexto o de las situaciones traumáticas.

Cada hemisferio, pues, se encarga de aspectos diferentes, pero los dos toman parte en los actos que realizamos. Sobre los tres años —si el desarrollo neurofuncional de base ha sido el adecuado—, los dos trabajan conjuntamente. Más adelante, aproximadamente después de los cinco años, uno de ellos será el dominante, aunque estará informado de lo que ocurre en la totalidad del sistema. Esto es lo que se conoce como «lateralidad».

Sin embargo, antes de todo esto, en el niño pequeño predomina básicamente el hemisferio derecho; por esta razón, y unido a cómo se desarrolla el cerebro de abajo hacia arriba, los bebés y niños pequeños son seres tan emocionales y resultan más sensibles a los tonos de voz, los gestos, las expresiones faciales y el modo en que se los trata, que no tanto a lo que se les dice verbalmente. De poco sirve que intentemos ocultar nuestros estados emocionales («no estoy enfadada», «no estoy triste»), porque ellos los captan. De poco sirve también gritarles «¡que no grites!» si lo hacemos gritando.

Las emociones

Son procesos que se activan cuando detectamos un cambio significativo para nosotros que puede poner en peligro nuestra supervivencia, ya que el entorno en el que vivimos es cambiante. Quizá esto hoy en día no se entienda mucho, pero en la época de nuestro pequeño cavernícola las emociones ayudaban a sobrevivir (por ejemplo, cuando se encontraban un animal y les permitían responder rápidamente decidiendo si ese animal les podía comer o, por el contrario, se lo podían comer ellos).

Históricamente la importancia que se le ha atribuido a las emociones ha ido cambiando; en la época de Platón carecían de valor, ya que se pensaba que el hombre podía decidir libremente y que las emociones eran algo inferior, que se debían controlar y que correspondían más bien a los animales. En la época de Darwin se revolucionó la concepción que se tenía hasta el momento sobre estas; gracias a sus ideas evolucionistas sobre el animal y el hombre, se estableció que las emociones servían para adaptarnos y que las primarias eran universales, que se compartían una serie de emociones determinadas genéticamente en todas las culturas y que, además, también servían para comunicarnos.

Las emociones primarias, de hecho, aparecen muy pronto, casi desde el nacimiento y en todas las culturas, y no dependen de la crianza. En este sentido, el ser humano no ha evolucionado en los últimos 40.000 años y las emociones tampoco, por lo que quizá en nuestra cultura y en la época actual, la expresión de estas emociones, sobre todo si se actúa antes de pensar, puede crear «dificultades». Pero lo cierto es que todas las emociones son válidas y cada una de ellas cuenta con una función:

- La sorpresa nos permite la exploración.
- La alegría contribuye a la afiliación entre los miembros de la misma especie. ¿Qué es lo primero que hacemos cuando nos dan una buena noticia? Queremos contársela a alguien, salir a celebrarlo, estar con nuestros seres queridos.
- El miedo favorece la protección.
- La ira, la autodefensa.
- El asco, el rechazo de aquello que puede perjudicar nuestra salud.
- La tristeza, la reintegración.

Las emociones secundarias (entre ellas la culpa, la vergüenza, el orgullo, los celos, la arrogancia, el bochorno...)

aparecen más tarde (tanto en nuestra historia como especie, como en el niño). Estas son fruto de la maduración (del desarrollo de las capacidades cognitivas), así como de los procesos de socialización y culturales; por eso se las suele llamar «emociones sociales», «sociomorales» o «autoconscientes».

Para llegar a ellas, hacen falta tres condiciones:

- La conciencia de la identidad personal (el niño necesita saber que es una persona separada de los demás).
- Internalizar ciertas normas sociales (lo que está bien y lo que está mal).
- Ser capaz de evaluar su identidad según las normas sociales.

Por lo tanto, son emociones más complejas que las primarias y empiezan a aparecer a partir de los tres años, ya que en ellas se ven implicadas zonas de la corteza prefrontal. Durante los tres primeros años, el niño es emoción, siente de forma intensa y se expresa como puede; es decir, de forma instintiva. Aunque a veces no es la que más nos gustaría, se trata de la fórmula adecuada para su edad.

Si todas las emociones son válidas y tienen una función, es importante no reprimirlas con frases como «los niños mayores no lloran», «no sé por qué te enfadas», «no tengas miedo», «se van a reír de ti si...» porque puede que el pequeño deje de expresarlas externamente. De todos modos, esto no detendrá sus sentimientos, ni los cambios fisiológicos que se producen en su sistema nervioso ni endocrino; al contrario, se acumularán hasta provocar un aumento de tensión que puede desembocar en alteraciones psicológicas (como estrés, ansiedad y tics), manifestaciones físicas (como deficiencias en el sistema inmunitario), o del comportamiento (como agresiones).

Entonces puede que nos preguntemos: si responde instintivamente pegando o mordiendo, ¿solo hemos de dejar pasar el tiempo? Aunque todas las emociones sean válidas y haya que respetar lo que siente cada uno (pese a que no lo compartamos), no tenemos que quitarles valor, pero sí prestar atención a sus acciones y su comportamiento, ya que estos pueden no tenerlo. Para ello, debemos buscar el origen de la emoción y acompañar al pequeño. Además, conforme el niño se va desarrollando, van madurando las áreas de su cerebro encargadas de ello y si recibe un buen acompañamiento, comenzará a poder regular sus emociones y a expresarlas de una forma socialmente aceptada. El juego simbólico del que hablaremos más adelante, por ejemplo, es una vía de descarga emocional que va a ayudar al niño a entender lo que ocurre en su entorno.

Otras características del desarrollo

EL EGOCENTRISMO

«Egocentrismo» no significa «ser egoísta». Según Jean Piaget, el pensamiento del niño entre los dos y los cinco años se caracteriza por el egocentrismo intelectual con el que interpreta el mundo solo bajo su propia perspectiva. A esta edad aún no tiene claro que, como sujeto, es diferente de los objetos que percibe ni de que los demás tienen necesariamente puntos de vista diferentes al suyo, por lo que no es capaz de situarse en la perspectiva cognitiva de los demás, ni siquiera de adoptar el plano perceptivo del punto de vista del otro. ¡Por eso todos los juguetes son suyos! Cuando un niño pega a otro, por ejemplo, no es consciente de las consecuencias de sus actos; su intención no es dañar, es la forma que conoce de descargar su rabia. Debido a este egocentrismo, tampoco distingue la fantasía de la realidad y, hasta aproximadamente los cinco años, para él todo es posible. Una situación que nosotros, los adultos, no deberíamos aprovechar en nuestro propio beneficio con chantajes del tipo: «El pajarito Pinzón te está viendo y si te lo comes todo te traerá regalos». Porque en ocasiones esto crea miedos evitables, como el lobo de los cuentos, los monstruos, las brujas o cualquier cosa que vean a través de la televisión; para ellos toda ficción es totalmente posible.

Cuando un niño en esta etapa juzga la moralidad de una acción (si algo está bien o está mal), es incapaz de atender a los motivos de base y se centra solo en las consecuencias de la conducta. El juego simbólico, una vez más, es el que le irá permitiendo transformar la realidad según sus necesidades o deseos, y que irá favoreciendo de forma progresiva la descentración.

El lenguaje

Durante los tres primeros años el niño no tiene el lenguaje verbal suficiente ni puede usar la lógica para expresar sus sentimientos. Como los adultos nos comunicamos principalmente a través de las palabras, nos gustaría que el niño lo hiciera de la misma forma, pero en la primera infancia predomina la comunicación no verbal, el lenguaje del cuerpo, el emocional. Más adelante, tomará relevancia el lenguaje visual y, en el último estadio del desarrollo emocional primitivo, el verbal. Hasta cerca de los dos años, el pequeño no es capaz de comprender el lenguaje verbal de un adulto, ni tampoco de asimilar e interiorizar el carácter inmutable de una norma. A partir de esta edad, progresivamente comienza a incrementar la habilidad lingüística, lo que le ayudará a pensar antes de actuar y a integrar la conciencia del «yo» (en vez de llamarse a sí mismo en tercera persona, por ejemplo «el nene»), así como las del «tú», «él» y «nosotros», lo que le permitirá empezar a expresar lo que siente.

La teoría de la mente

Es la capacidad humana de comprender nuestra mente y la de los demás, de ir más allá de lo que vemos para poder explicar las conductas (el engaño, la manipulación, ponernos en el punto de vista del otro, entender que hay creencias falsas, intuir el pensamiento de otra persona o dilucidar si miente, deducir qué piensan los demás según sus actos y palabras...). Hasta los cuatro o cinco años no se consigue esta capacidad, por eso un bebé no puede manipular, ni tampoco lo hace un niño a través de una rabieta. A veces creemos que el niño miente porque cuenta cosas que no han ocurrido («Fulanito me ha mordido»); lo que pasa es que por un lado carece de metaconocimiento (es decir, pensar sobre el propio pensamiento), por lo que puede confundir la realidad y la fantasía (o usar esta última para llenar las lagunas de sus conocimientos sin ser consciente); también puede narrar recuerdos de algo que ha soñado o confundir acontecimientos que sí han ocurrido en otros momentos temporales.

La autonomía

Cuando se han ido satisfaciendo las necesidades de los primeros meses y se ha tratado bien al bebé, se ha ido creando un vínculo seguro que le permite, entre otras cosas, la exploración y la adquisición de una autonomía progresiva, sana y real. El niño poco a poco irá queriendo hacer las co-

sas él solo, pensar y sentir por sí mismo; comienza a tener su propio criterio y también prueba a saltarse los límites que existen en su contexto para comprobar cuáles son verdaderamente importantes. Lo hace, eso sí, mirando al adulto, con una sonrisa en la cara. Después de lo que hemos visto anteriormente, no, no lo hacen para provocarnos.

Con esa autonomía progresiva también aparecen nuestros miedos: «vigila», «ten cuidado», «te vas a caer», «ya verás al final», etc. El mensaje que le llega al niño es «no creo que puedas hacerlo». A veces, en estas situaciones, nuestras palabras le distraen y acaba cumpliéndose el presagio. Nuestro acompañamiento ha de ir cambiando conforme crece, por lo que el tacto se irá sustituyendo progresivamente por la mirada; el niño necesita sentirse mirado y atendido, sentir que importa.

Tanto sus emociones como sus sentidos y necesidades son responsabilidad del niño, y a veces los adultos tendemos a no tenerlos en cuenta, aunque sean igualmente válidos. ¿Con esto a qué me refiero? Pues que deberíamos huir de los «sí que te gusta», «no tienes frío», «póntelo que hace frío», «no huele a nada», «sí que sabe bien», «no puedes tener hambre», «levántate, si no ha sido nada».

LOS CONFLICTOS

Si sumamos todo lo anterior —un cerebro en desarrollo en el que predomina el sistema límbico (y con una corteza prefrontal sin madurar), un hemisferio derecho que se impone, lo que les hace ser más emocionales, el egocentrismo, no tener lenguaje suficiente ni tampoco teoría de la mente, así como una autonomía progresiva e ideas propias—, encontramos sentido a muchos de los conflictos o dificultades con los que podemos toparnos en los primeros años. De nuevo, se trata de comprender y acompañar antes que de hacer.

LAS RABIETAS

Una rabieta es un estado emocional intenso que aparece cuando los niños comienzan a tener ideas diferentes a las de los adultos, y estas chocan entre sí. Las rabietas suelen aparecer entre los dieciocho meses y los cuatro años, y se deben precisamente a todos los comportamientos que os he explicado anteriormente: son más emocionales, no tienen una corteza prefrontal desarrollada que inhiba sus impulsos y regule sus emociones y su egocentrismo, y no pueden ponerse en el punto de vista de la otra persona ni entender nuestros argumentos, ya que no poseen lenguaje suficiente para poder argumentar lo que desean y por qué (que es diferente a lo que necesitan). Además, quieren hacer más cosas por sí mismos y expresar sus propios pensamientos. También puede surgir cuando los adultos esperamos que el niño haga cosas para las que no está aún maduro; por ejemplo, en el momento en que los pequeños comienzan a caminar y decidimos salir de casa sin carro. Caminar por placer es diferente a hacerlo para ir de un punto a otro, lo que puede provocar que se canse y, ante la negativa del adulto de llevarlo en brazos, aparezca una rabieta. Lo mismo sucede cuando los obligamos a compartir, a realizar actividades dirigidas, a que estén quietos...

Durante una rabieta aparece lo que se llama «secuestro amigdalar»; esto significa que la emoción que siente el niño es tan intensa y negativa que la amígdala, que está en el sistema límbico, pierde la conexión con la parte prefrontal del cerebro. Es como si la escalera que las une se bloquease, es decir, en ese momento el niño no puede pensar ni razonar, porque la parte de su cerebro superior (que, por cierto, todavía está en desarrollo) no está accesible y eso hace que se comporte de una forma instintiva y automática (esto es, que se tire al suelo, patalee...).

Seguro que habéis oído eso de que durante una rabieta hay que ignorar al niño porque lo hace para llamar la atención o para manipularte y, en un rato, se le pasa. Por un lado, si un pequeño llega a montar tal estado emocional de forma voluntaria para llamar nuestra atención, es que realmente necesita atención, que le hagamos caso. Recordemos que es una necesidad básica; no pretendamos darle atención ignorándolo. Por otro lado, como ya hemos visto, un niño pequeño no tiene la capacidad de ponerse en nuestro lugar ni actuar con el objetivo de fastidiarnos, chantajearnos y conseguir lo que quiere.

Los que defienden que hay que ignorar a los niños durante una rabieta son los que se basan simplemente en lo observable, sin tener en cuenta las emociones ni lo que ocurre dentro del cuerpo del niño. Así, si ignorando una rabieta, esta desaparece, es porque funciona. Pero no nos olvidemos que hoy sabemos algo más sobre lo que ocurre dentro del cerebro; Rosa Jové, especialista en psicología clínica infantil y juvenil y en psicopediatría, explica que cuando el estrés dura mucho tiempo, se colapsa el cerebro, ya que, al no tener mielinizado el córtex cerebral, el pequeño no puede detener la actuación. Si el estrés no parara, se dispararía el cortisol, que «mata» las neuronas y es lo que hace que dejen de llorar.

¿Recordáis el primer capítulo, cuando os hablaba del llanto y las repercusiones en el cerebro? Las rabietas, por lo tanto, son normales y aparecen en todos los niños en mayor o menor medida debido a su desarrollo; es importante intentar prevenirlas, evitando que se sientan incómodos (es decir, que tengan sueño o hambre), ya que, como hemos visto, en ellas el cerebro más primitivo toma el control. Haremos esto acompañando su progresiva autonomía en vez de limitándola y explicándoles el porqué de las cosas, pero, a pesar de todo, es normal que aparezcan las rabietas. Claro que cuanto más desajuste haya entre el niño y los adultos que le cuidan, habrá más y serán más intensas. Las rabietas no se deben ignorar (sino acompañar) y la persona que mejor puede ayudar a calmar ese estrés es la figura primaria: estando con él con afecto; acompañando desde el gesto, la mirada, la voz, el tacto (si lo acepta), hasta que todo vuelva a la normalidad. Recordemos que el cerebro se construye en relación. Más tarde, cuando la emoción ya no sea tan intensa, se podrá hablar de lo ocurrido. Al acompañar, hay que tener presente también nuestra propia rabieta, porque es posible que la del niño despierte una en nosotros y tendremos que solucionarla antes de poderlo ayudar.

Sobre los cinco años ya no es habitual que aparezcan rabietas; una de las razones es que debido al desarrollo de su cerebro comienza a usar «la vía larga»; esto significa que la información ya no va directamente a la amígdala, sino que pasa previamente por el córtex y se procesa allí.

DESTRUCTIVIDAD (QUE NO AGRESIVIDAD)

Yolanda González Vara, psicóloga clínica infantojuvenil, nos dice que la «agresividad» se confunde con la «destructividad»; la primera es una respuesta adaptativa de supervivencia —instintiva y natural— para defender el espacio vital o autoafirmarse en la vida. Yo quería reflexionar en este apartado sobre la agresividad, pero después de las definiciones de González Vara, veo que es más adecuado utilizar el concepto de destructividad. Esta es consecuencia de la agresividad reprimida, con el componente de querer dañar al otro y sin que haya un conflicto de por medio (a diferencia de la agresividad).

¿De dónde surge? Cuando el bebé y el niño pequeño tienen necesidades de proximidad y de seguridad que no se responden, estas pueden generarles ira (ya vimos en el primer capítulo la relación entre la experiencia táctil reducida y la agresión en la etapa adulta); y es que la privación de placer sensorial es la principal causa y raíz de la violencia. La agresividad infantil está relacionada con la falta de sintonía de la respuesta adulta; por tanto, puede derivar de la frustración que sienten de no ver sus necesidades básicas satisfechas o también porque sus figuras de referencia utilizan la violencia para solucionar conflictos (nos referimos a la famosa «hostia a tiempo» o al «si te pegan, tú pega»).

Es importante no confundir la conducta con la persona (no hay niños malos), por eso hemos de buscar las causas que llevan a la misma y no quedarnos únicamente con lo observable, ya que debajo de la punta del iceberg podemos encontrar mucho dolor. Ningún niño viene a este mundo para dañar a los demás; todos quieren ser aceptados, reconocidos y queridos. Cuando la agresividad se reprime, se vuelve destructiva, y el niño que no sabe cómo expresar su malestar, necesita ayuda y no que lo castiguen, que lo repriman todavía más o que lo ignoren; al contrario, ese niño necesita atención y, a través del afecto, de la mirada, del vínculo y de la comunicación comenzará a sentirse mejor y a descubrir otras formas de comunicación diferentes a la violencia.

LOS MORDISCOS

Algunos niños, generalmente entre el año y medio y los tres años, muerden a otros niños. Los mordiscos suele ser un tema que preocupa bastante porque, aparte del mordisco en sí y de que la marca se prolonga en el tiempo, genera rabia, frustración e incluso culpa en los adultos. Sin embargo, el periodo en el que aparecen los mordiscos no es casual; se trata de la «etapa oral», en la que el pequeño utiliza la misma zona tanto para las experiencias placenteras como para la descarga emocional. Como ya hemos visto, a estas edades no tiene muchas más herramientas para comunicar su desagrado, ira, frustración, malestar ¡e incluso alegría! que de forma instintiva.

Sobre los diez meses, cuando el bebé ya tiene algunos dientes, puede comenzar a morder. En este caso, corresponde a un descubrimiento de nuevas sensaciones —una exploración, de hecho—, por eso cuando brotan los dientes suelen morder con más frecuencia. También suelen dar manotazos y tirar del pelo, pero esto no deja de ser una nueva exploración, sin intención alguna de hacer daño, sin emoción de por medio y, en este caso, acompañada de la reacción del adulto. Más tarde, en cambio, pueden empezar a morder como expresión de su malestar: cuando se sienten amenazados, por ejemplo, el hecho de que otro niño se le acerque puede vivirlo como un peligro; del mismo modo, cuando se aleja su figura de referencia, pueden hacerlo como expresión de su frustración e ira; morder también es muestra de excitación o de una sobrecarga de emoción, de alegría, es decir, si no saben cómo expresar aquello que están sintiendo.

En ocasiones la conducta se manifiesta junto con algún acontecimiento que lo desencadena: el peque quiere un juguete, un niño se le acerca, no puede subir al tobogán porque está ocupado... En cambio, otras veces parece que no ha ocurrido «nada» que lo desencadene. Esto es porque los mordiscos pueden expresar las tensiones internas que viven los niños, como la adaptación a la escuela, un cambio de casa, el nacimiento de un hermano, un divorcio, la hospitalización de un familiar, la ausencia del padre o la madre por un viaje de trabajo, la muerte de una persona cercana, problemas en el hogar...

Como ocurría con las rabietas, los mordiscos son temporales, es decir, se trata de la forma que tiene el niño de expresar una emoción porque no dispone de otros recursos, ya que, como hemos visto, es más emocional y su cerebro no está aún maduro. Por esta razón, tampoco puede planificar las consecuencias de sus acciones y, aunque se lo digamos, el niño no es capaz de pensar «si muerdo, haré daño; mejor voy a hablar». No tiene el lenguaje suficiente para expresar lo que siente o necesita, es egocéntrico y no puede ponerse en el lugar del otro, por lo que no pensará «seguro que quiere usar el juguete solo un rato, a mí también me gustaría que me lo dejaran».

Así que, conforme el niño madure, dejará de morder, pero es importante que los adultos le acompañen de forma adecuada para ayudarle a desarrollar esas capacidades que todavía no tiene, en vez de humillarle, ignorarle o reprimir sus emociones. El niño tiene derecho a expresar lo que siente (la emoción: por ejemplo, la ira), lo que no sabe es la forma adecuada de hacerlo (la conducta: por ejemplo, que expresa a través de un mordisco).

El niño que muerde necesita acompañamiento, como cualquier otro. Siempre tiene que sentir que es querido, y le hará falta un adulto que le explique que expresar su emoción a través de ese comportamiento no es adecuado: «Veo que estás enfadado, pero no puedes morder». Un mordisco contiene bajo su expresión mucha información que los adultos debemos llegar a descubrir. Un mordisco es una emoción mal expresada y nuestra labor, lejos de castigar al niño, gritarle o ignorarle es descubrir qué es lo que la está generando por si podemos evitarlo y acompañar al pequeño para que encuentre otras formas de expresar lo que siente.

Además, el pequeño necesita descubrir formas adecuadas de responder y, para ello, nosotros somos sus modelos. Si le gritamos, chillamos o mordemos (hay personas que creen que así «sentirá el daño que hace y dejará de morder»), le pegamos en la boca o lo tratamos con ira... ¿cómo va a descubrir cuál es la forma adecuada de expresar sus emociones? ¿Cómo va a creer que es la forma normal de tratar a los demás? Pues chillando, pegando y mordiendo. Ignorar al niño o dejarlo solo tampoco servirá para que adquiera el autocontrol que necesita.

Un niño que muerde no es «malo» y debemos evitar que él crea que lo es, que no elabore esa imagen de sí mismo. Primero porque él no lo es, se trata de su conducta, es su forma de expresarse la que no es adecuada y, segundo, por la fuerza que tiene el «efecto Pigmalión» o «profecía autocumplida», que es cuando el niño acaba comportándose como se espera de él.

COMPARTIR

Imaginaos la escena: un niño va al parque montado en una moto de juguete y al llegar allí la deja para ir a jugar al tobogán. La moto atrae la atención de otros niños, que pronto se acercan y quieren utilizarla.

—¡Es mía! —grita el niño al verlo—. ¡No!, ¡es mía!

—Pero ¡si no la estás utilizando! —le dice el adulto que lo acompaña—. Vamos a dejársela un ratito a este niño, ¡hay que compartir!

¿Os imagináis cómo continúa la historia? El niño pequeño no comparte, y no lo hace porque no está preparado para ello. Nosotros, con toda nuestra buena intención, queremos inculcarles buenos valores, que sean respetuosos, amables y, además, que presten sus cosas... Pero al hacerlo no estamos teniendo en cuenta cuál es su desarrollo y cómo podríamos favorecer que llegue a compartir cuando sí esté maduro para ello.

El niño pequeño solo interpreta la situación desde su perspectiva; es decir, él vela por lo que quiere y necesita. No comprende que el otro también quiera utilizar el mismo objeto y que llore o esté triste porque desee lo que él tiene. Tampoco puede anticipar lo que ocurrirá ni sabe interpretar lo que significa «un ratito». Además, no entiende los conceptos de «tuyo» y «mío»; para él todo es «suyo».

Tanto el bebé como el niño, al principio, juegan «en paralelo»: no socializan aunque compartan espacios de juego y no hay interacción entre ellos. No se necesitan mutuamente porque cada uno está centrado en su propia actividad sin tener en cuenta lo que hace el otro. No será hasta los dos o tres años (o incluso más adelante) cuando empiece a incluir «al otro» en su juego, así que hasta este momento no querrá jugar a pasarle la pelota ni establecerá turnos (en todo caso, preferirá disfrutar de esos momentos con su figura de referencia, a quien tampoco son capaces de «compartir»).

Lo importante si queremos que nuestro pequeño llegue a compartir es respetar el momento en el que se encuentra. Si el niño tiene la seguridad de que es el dueño exclusivo de sus objetos y no le obligamos a hacerlo de forma prematura, llegará el momento en el que él mismo, cuando de verdad comience a socializar con los otros (aproximadamente sobre los cuatro años), se dará cuenta del beneficio que supone compartir y no tendrá problemas en hacerlo. Mientras tanto, nosotros podemos servir de ejemplo y que vea cómo compartimos nuestras pertenencias con los demás (aunque quizá nos sorprendamos al observar que los adultos no solemos ser tan generosos con los desconocidos como queremos que lo sean nuestros pequeños).

Los celos

Los famosos celos aparecen cuando el vínculo de apego se ve amenazado. Esto puede ocurrir durante toda la vida, por lo tanto, no son exclusivos de los niños pequeños ni del nacimiento de un hermano, ya que también aparecen entre familiares, parejas, amigos... Ante la llegada de un bebé, cada miembro de la familia debe recolocarse en la nueva situación; el bebé —ya desde antes de nacer— ocupa un lugar y eso hace que cada miembro asuma diferentes roles. El niño también debe adaptarse a esa nueva situación y debe aprender a recolocarse: ahora ya no es solo hijo, también es hermano, y es posible y normal que ese cambio no lo acepte bien, aunque le hayamos explicado la situación de antemano, porque no es capaz de anticipar lo que va a ocurrir de la misma forma que lo hacemos nosotros. En este caso solemos decir que el niño está celoso del hermano pequeño. También es posible que, en un primer momento, no sienta muchos cambios ante la llegada del bebé, pero que vayan apareciendo conforme el pequeño comience a reclamar más atención (al gatear, andar, hablar...).

Generalmente, al vivir en familias nucleares (es decir, las que están formadas por los miembros de la pareja y los hijos), ante la llegada de un nuevo miembro, la atención de los adultos queda repartida, por lo que es normal que el niño sienta algún tipo de incertidumbre sobre esta nueva situación, no sepa anticipar qué es lo que va a ocurrir y crea que sus padres le prestan menos atención. Ante la imposibilidad real de ponerse en el punto de vista del otro («¿No ves que el bebé necesita que le atienda?») y ser mucho más emocional, el pequeño estará más raro de lo habitual, pedirá más atención y no podrá controlar sus impulsos (incluso puede que se comporte como si fuera más pequeño). Esta será su forma de pedir la atención que necesita. Además, los celos serán más evidentes a menor diferencia de edad porque las necesidades de ambos pequeños serán muy parecidas.

Es importante continuar satisfaciendo todas las necesidades del niño: si pide atención es porque la necesita. El niño debe tener claro que le seguimos queriendo, incluso cuando no se comporta de forma adecuada (porque será cuando más necesita sentirlo). Los objetos materiales no pueden sustituir esa atención, una trampa en la que a veces solemos caer para distraerlo.

Al mismo tiempo, debemos ir proporcionando al bebé el lugar que necesita sin desprestigiar, humillar ni comparar: «es un pequeñajo que se hace caca; en cambio tú, eres muy mayor». Cada uno es diferente y tiene sus necesidades; además, es importante que se respeten entre ellos. Nuestro ejemplo será fundamental para ello, por lo que no debemos desprestigiar al bebé para hacer sentir «mejor» al hermano mayor, ni tampoco comparar su comportamiento con cómo se portaba antes, porque la situación ha cambiado.

A veces hablan como si fueran más pequeños, comen peor, pueden volver a hacerse pipi o caca encima, no se separan de papá y mamá... También hemos de procurar que los cambios en el entorno del mayor sean los mínimos posibles; la llegada de un hermano ya supone una adaptación, no es un buen momento para moverlo de habitación, dejar el chupete, retirar el pañal, cambiar de colegio... Debemos aceptar y respetar los sentimientos del mayor. Es normal que nuestro pequeño se encuentre más susceptible y, según la edad, es posible que incluso experimente sentimientos muy contradictorios de amor/odio hacia el hermano que, además, pueden hacer que se sienta mal por ello. Es importante que exprese sus emociones, aunque quizá nosotros no estemos de acuerdo con ellas. «No lo quiero» es lo que el niño está experimentando: es su sentimiento, deberemos aceptarlo y no reprimirlo ni negarlo.

TRABAJAR LAS EMOCIONES

En los últimos tiempos parece que las emociones se han puesto de moda; la literatura infantil está llena de ellas, hay dinámicas para «trabajarlas», son el foco de muchos juguetes, e incluso en algunos centros escolares se dedica un tiempo en exclusiva en el horario para ellas en el que se cuentan cuentos, se hacen murales y manualidades, se cantan canciones... Sin embargo, en muchas de estas ocasiones las emociones se abordan solo de forma superficial.

Por lo que hemos podido ver hasta este momento, el desarrollo emocional no está relacionado con hacer murales, ni es algo que pueda programarse para los martes a última hora; las emociones están presentes en todo momento, en todas las horas del día, y son tan complejas que hasta comienzan a forjarse antes de nacer. El trato que reciben los bebés será la «primera clase» de educación emocional que reciban. Los educadores —de todos los niveles— hacemos mucho más creando un vínculo seguro y tratando a los pequeños con respeto que leyendo cuentos, preparando murales o fichas. Y para poder crear esos vínculos seguros y poder acompañarlos en su desarrollo emocional, nosotros tenemos que realizar un trabajo previo, ya que somos el principal regulador emocional y tenemos que saber dar respuesta a todas las emociones que nos encontramos en el aula. ¡Cuántas veces se reprimen emociones porque no sabemos cómo darles respuesta! ¡Cuántas veces sus emociones intensas despiertan en nosotros otras que no sabemos regular...!

95

El castigo

Uno de los primeros artículos que publiqué fue sobre este tema: el castigo en el aula. Parece que en poco tiempo se ha ido tomando conciencia de ello y ha disminuido (o bien se ha ido modificando por otras formas más sutiles de realizarlo). Sin embargo, creo que en los hogares todavía está muy presente (ojalá me equivoque), por lo que creo necesario reflexionar sobre él.

Cuando criamos o acompañamos a los niños en el aula, tenemos que pensar a largo plazo qué tipo de personas nos gustaría que fueran en el futuro, ya que podemos influir mucho en este aspecto según cómo los tratemos. Nuestro amor hacia el niño debe ser incondicional; cuando el amor es condicional, al niño se le quiere con condiciones, es decir, solo si hace lo que el adulto espera de él, con el mensaje oculto de «te quiero si te portas como yo digo». Si este es el amor que recibe el niño que es castigado —tanto si le dan un cachete, como si lo envían al rincón de pensar o, en el polo opuesto, lo premian— dará igual lo que el niño piense, sienta o necesite, ya que los motivos por los que lo hizo no importan; solo interesa poder cambiar lo que el niño hace a través de proporcionarle tanto cosas «malas» (los castigos) como «buenas» (los premios).

Lógicamente, no es lo mismo que los niños hagan algo porque saben que es lo correcto a que lo hagan por obligación; por eso cuando se castiga los niños aprenden a hacer las cosas por obligación y por miedo. Su motivación es extrínseca, no sale de ellos, sino que lo hacen para evitar algo negativo o, por el contrario, para conseguir algo positivo, como puede ser un premio. Pero ¿qué pasa cuando no están a la vista? Pues que dejan de actuar así porque no lo han interiorizado. Realmente, los castigos tampoco funcionan a corto plazo ni siquiera aunque estemos presentes (si funcionaran no haría falta castigar una y otra vez, ya que con una vez sería suficiente). De hecho, no existiría la reincidencia de los presos. Pero lo cierto es que el castigo fracasa y, además, los niños se van volviendo inmunes a este, por lo que cada vez tiene que ser más intenso para que sea eficaz. Es curioso cómo los adultos, a pesar de ser conscientes de que el castigo no funciona, nunca pensemos que el problema es del método y sigamos creyendo que la culpa es del niño.

¿Y a largo plazo? El castigo tampoco funciona, porque el niño puede asumir dos papeles: o bien se vuelve rebelde, desafiante, agresivo y ansioso debido a toda la ira reprimida o, por el contrario, obediente, sumiso, no responde ni molesta, lo que supone también un riesgo. ¿Eso es lo que queremos para el niño a largo plazo? ¿Que haga caso a otros solo porque tengan más poder que él? ¿Que calle, que obedezca ciegamente, que tenga ausencia de capacidad crítica y que intente agradar a los demás por encima de sus propias necesidades?

¿Recordáis el primer capítulo, cuando hablábamos del conductismo? Los premios y los castigos son técnicas conductistas que aparecieron en aquella época en la que no se podía medir la mente y solo interesaba la conducta observable. Parece mentira que, hoy en día, con la importancia que sabemos que tiene el vínculo y el desarrollo emocional, se sigan aplicando técnicas que se rechazan tanto en los hogares como en las aulas. Y no es solo que se rechacen desde la teoría, es que, al llevarlas a cabo, estamos perjudicando tanto el vínculo como los sentimientos del niño.

Los castigos solo se ocupan de la conducta, de lo observable, y, por lo tanto, se quedan en la superficie. El objetivo de aplicar un premio o un castigo es que la conducta desagradable desaparezca, cambie o surja una conducta agradable con más frecuencia, siempre basada en el temor a la autoridad, en una relación de poder entre el adulto y el niño, en vez de en un vínculo de cooperación y de ayuda. Cuando utilizamos estas técnicas no nos importan las causas que llevan al niño a hacerlo, se ignora todo lo que sucede en el interior de la persona. Otro tipo de castigo podría consistir en la retirada de privilegios: «Si te portas mal, nos vamos a casa». Aunque pueda parecerlo a primera vista, cuando decimos estas frases no estamos anticipando una actitud, sino amenazando, y llevarla a la práctica es una forma de castigo.

Y es que el castigo, la mayoría de las veces, responde a la impotencia del adulto, a no tener estrategias para solucionar los conflictos de otra forma, a no saber qué hacer. Muchas veces la situación supera al adulto, que descarga su frustración castigando. El problema es que esta reacción la acaban pagando los más débiles. ¿Cuántas veces habéis oído eso de «tiene que pagar por lo que ha hecho»? No podemos conseguir que los niños se porten bien haciéndoles cosas malas. ¡Es de lógica!

Lo peor, en realidad, es cuando el castigo se pasa de la raya... y se convierte en castigo físico. Primero, no es legal, aunque en los hogares siga estando presente, y muchas veces se defiende por parte de los adultos diciendo «pues a mí me pegaron y estoy bien». Este tipo de afirmaciones solo demuestran cómo se normaliza la violencia y se transmite de una generación a otra. El niño necesita tanta atención y contacto que es capaz de aceptar los malos tratos como una forma de cariño. Cuando un pequeño aprende que los conflictos se resuelven a golpes, crecerá creyendo que los fuertes tienen el derecho de imponerse sobre los débiles.

La silla o el rincón de pensar

Un niño que carece de teoría de la mente, que es egocéntrico, que no tiene la corteza prefrontal desarrollada para poder medir las consecuencias de sus actos o reflexionar sobre ellas, ¿en qué se supone que va a pensar si lo mandamos al famoso rincón o a la silla? ¿De qué se va arrepentir? Y si además tenemos en cuenta que el cerebro necesita de la interacción con otras personas para desarrollarse, ¿qué hace solo en una silla?

Al rincón de pensar también se le conoce como «tiempo fuera» (*time-out*, en inglés), que es una abreviatura de «tiempo fuera de refuerzo positivo». Este se desarrolló para entrenar animales de laboratorio en la época conductista y, más tarde, se aplicó a niños «institucionalizados y retrasados». Así, una técnica que se había creado para controlar el comportamiento animal por aquel entonces se comenzó a prescribir indiscriminadamente al resto de niños en EE. UU. y después llegó hasta nosotros.

En los libros que recomiendan el «tiempo fuera» como técnica de modificación de conducta sugieren aislar al niño un minuto por año. ¿Y por qué no dos o tres? Nadie lo ha medido, pero así queda más técnico. Además, los niños no tienen noción de tiempo. En otros libros en los que hablan de este rincón dicen que, si el niño continúa enfadado o llora, debe permanecer allí «hasta que se le pase». ¡Ojo! Ya no es solo inútil enviar al niño a un rincón para que aprenda a portarse bien, es que también se pretende que aprenda a inhibir sus emociones, a dejar de expresarlas (algo que hemos visto anteriormente que era perjudicial para él mismo). Incluso los presos pueden sentir y expresar lo que quieren mientras cumplen su condena y, cuando pasa el tiempo, salen libres; en cambio, los niños deben permanecer aislados el tiempo y de la forma que nosotros consideremos.

Ignorarlos tampoco ayuda. Y aunque parezca muy sutil, la indiferencia es para los niños una tortura. ¿Recordáis el vínculo ambivalente? Los niños necesitan sentir amor incondicional para poder desarrollar un vínculo seguro y la atención es una necesidad básica.

En el extremo contrario al castigo y a ese rincón de pensar estarían los premios. Aunque a primera vista pudieran parecer beneficiosos o motivantes, realmente perjudican de la misma forma que los castigos, ya que se basan en la misma filosofía y destruyen la motivación intrínseca (un concepto del que hablaré más adelante).

Las «economías de fichas» son esas famosas cartulinas en las que se dibujan unas casillas y en las que le planteamos al niño lo que tiene que hacer (como recoger la habitación, dormir solito o no hacerse pipi encima); cada vez que lo logra se pone una pegatina en una casilla y al conseguir completarla el niño recibe un premio. No son adecuadas porque funcionan de la misma forma que lo hace un castigo. Incluso hay una versión todavía peor; a veces para no ofrecer a cambio cosas materiales, te dicen que «hagas algo» con el niño, como una excursión, ir al parque o pasar más tiempo juntos. Cuando el «premio» es de este tipo, ya no es solo que la técnica se convierta en una forma de controlar la conducta —sin importar lo que sucede en el interior del niño—, es que el amor se vuelve todavía más condicional al ser el premio. Y el amor y la atención son necesidades básicas del niño que no pueden utilizarse como moneda de cambio para que se porte bien o se consiga algo porque el precio que se paga a nivel emocional es muy alto.

Antes de concluir este apartado me gustaría resumir por qué castigar no es adecuado en ninguna de sus versiones:

- No es respetuoso para el niño.
- No tiene en cuenta las emociones y perjudica su desarrollo saludable al reprimirlas y negarlas.
- Impide el desarrollo moral, ya que el pequeño actúa por miedo y no porque interiorice ninguna norma.

- Es humillante (no se nos ocurriría aplicárselo a un adulto al que queremos).
- Los ejemplos en los que se aplican represiones similares son casos extremos como la cárcel y, por supuesto, no se realiza a diario ni por una persona que supuestamente te quiere. ·
- Crea vínculos de apego inseguros basados en el temor y en la desatención de las necesidades.
- Provoca un sentimiento de culpa que impide el desarrollo de una autoestima saludable.
- Genera ansiedad tanto en el lugar en el que se aplica el castigo (como, por ejemplo, el aula) como hacia la persona que lo aplica.
- No suscita el aprendizaje, que es lo que se pretende.
- A largo plazo, genera rabia y violencia, habiéndose observado además que aparece la agresión elicitada en humanos (un fenómeno presente en multitud de especies que ocurre cuando se juntan dos seres vivos y un tercero les aplica estimulación aversiva; los que permanecen juntos se atacan entre ellos).

El control de esfínteres

No podemos hablar del desarrollo del pequeño sin tratar un tema sobre el que se reflexiona poco. Que un niño deje de usar el pañal parece fácil porque, tarde o temprano, aprenderá a controlar sus esfínteres. Hagamos lo que hagamos, seamos lo más respetuosos posible o no tengamos para nada en cuenta el proceso, si simplemente un día decidimos dejar de colocarle el pañal, el niño acabará controlando el pipi y la caca, igual que ocurre con caminar o dormir (que son procesos naturales en nuestra especie a los que se llega cuando se está preparado). Sin embargo, que vaya a llegar de todas formas —siempre que no haya un problema físico— no significa que no tengamos que conocer el proceso y acompañarlo, en vez de intentar acelerarlo e imponerlo, porque el niño no lo va a vivir de la misma forma en un caso y en el otro.

En muchas escuelas infantiles, cuando empieza a hacer buen tiempo, se establece una fecha para comenzar la «operación pañal». Por supuesto, esto se lleva a cabo sin tener en cuenta cuál es el proceso, puesto que, si así fuera, parecería ridículo simplemente proponerlo. ¿Cómo van a madurar todos los niños a la vez? Además, controlar los esfínteres tiene poco que ver con sentarlos en el orinal cada cierto tiempo. Argumentar que «para ellos es un juego» o que «tampoco están allí todo el día» significa no entender qué es lo que ocurre por dentro del niño, ni tener en cuenta sus emociones, ni habernos agachado a su altura a mirar lo que verdaderamente necesitan. ¿Es realmente para ellos un juego estar sentados en un trozo de plástico con el culo al aire y con los pantalones por los tobillos a la par que inmovilizados? ¿Eso es jugar? ¿Nos hemos parado a mirar sus caras cuando están ahí sentados? ¿Nos hemos molestado en mirarlas cuando sí que están jugando? Cuando creemos que el control de esfínteres se aprende, lo que ocurre realmente es que nuestra mirada hacia el niño no es de acompañamiento, sino de directividad; pensamos que el niño no sabe y no tiene capacidad de aprender ni de decidir por sí mismo y, como nosotros somos mayores y más listos, sí que sabemos. Por eso nos da igual el desarrollo y le quitamos el pañal cuando nosotros decidimos, ya que creemos que será cuestión de práctica. Así, nosotros seremos los que pautaremos cuándo, cómo y dónde debe bajarse los pantalones.

UN PROCESO DE MADURACIÓN Y NO DE APRENDIZAJE

Pero, en realidad, ¿qué les estamos pidiendo que hagan bajo nuestra orden y que a nosotros nos resulta tan fácil? Se conoce como «control de esfínteres» a reconocer cuando se tiene pis o caca y a ser capaz de retener su salida hasta que la persona se encuentra en un lugar adecuado para hacerlo. Parece fácil, ¿no? Pues esto que a los adultos nos parece tan sencillo implica mecanismos neurológicos, motores y emocionales que deben funcionar de forma coordinada.

Cuando un bebé nace, este sistema no está maduro, por eso le ponemos un pañal. Después, el bebé se va desarrollando siguiendo dos leyes: la céfalo-caudal y la próximo-distal. Según la primera, la céfalo-caudal, el niño madura de arriba abajo —de la cabeza a los pies—: por eso será capaz de sujetar su cabeza mucho antes de andar. Cuando la vejiga o el recto están llenos, esa información llega hasta la parte sacra de la médula espinal, una zona bastante baja de la columna, por lo que podemos entender que es un proceso que no va a ser de los primeros en aparecer en su desarrollo.

Por otro lado, hace falta que el esfínter voluntario madure (tenemos dos esfínteres, uno interno —involuntario— y otro externo —voluntario—). Esta musculatura necesita madurar para que se pueda contraer, cerrar y decidir retener su salida hasta alcanzar el lugar adecuado para hacerlo. En efecto, hablamos de maduración, no de aprendizaje. Porque nosotros no podemos enseñarle cómo hacer todo esto (igual que no podemos enseñarle lo que debe hacer para que segregue determinadas hormonas).

El cerebro también tiene un gran papel en este proceso, entre otras cosas porque es el encargado de decidir cuándo se puede hacer pis y cuándo no, de tomar conciencia del cuerpo y de en qué momento avisar. Ya hemos visto que la parte de la corteza que decide y que inhibe el hacerlo si no es adecuado es de las últimas en madurar, porque está en la parte más exterior del cerebro. Además, para que la información llegue desde la vejiga —al notar que está llena— hasta el cerebro, debe subir por la médula espinal y atravesar todo el cerebro de abajo hacia arriba para llegar hasta la corteza. Y ya hemos visto que en el medio del cerebro se encuentra el cerebro más emocional del ser humano, el sistema límbico, por lo que toda la información de los esfínteres y su vivencia pasa por las emociones antes de llegar a la corteza. Una vez que la información llega allí, vuelve a bajar por la médula hasta la vejiga y, según lo ordenado en el cerebro, hace pis o espera.

De ahí que cobre gran importancia cómo vive el niño el proceso del control de esfínteres: si se le riñe, si se le obliga, si se le compara, si le duele, si se le fuerza a permanecer sentado... Todas esas emociones se le quedan grabadas en el cerebro y marcan cómo lo vivirá las próximas veces. Tener en cuenta el paso por el sistema límbico también nos permite comprender por qué, ante determinadas circunstancias que afectan al niño emocionalmente, este puede volver a hacerse pis o caca encima (como el nacimiento de un hermano, el cambio de colegio...). Además de la maduración fisiológica de su cuerpo, se necesita algo más: que el niño quiera hacerlo (que no es poco).

Con la información que hoy tenemos, vemos que controlar los esfínteres es mucho más complicado que simplemente sentar al niño en un orinal a unas horas determinadas y que se trata de un proceso de maduración y no de aprendizaje.

Conforme el niño crece, va madurando su sistema nervioso; es un proceso que necesita tiempo y que presenta múltiples avances y retrocesos. Volvamos por un momento a la escena del orinal en el aula: entre que no todos los niños maduran a la vez o al mismo ritmo y, además, cada uno nace en un mes del año diferente, habrá algunos que dejarán el pañal en verano, unos cuantos en otoño, otros en primavera y otros en invierno.

En cuanto a la edad, depende de cada niño y el margen es muy amplio; se suele establecer que esta maduración aparece en un amplio rango entre los dieciocho meses y los cinco años. Según el doctor Allan Schore, investigador en neuropsicología, «hasta los dieciocho meses, aproximadamente, el niño no ha madurado las conexiones entre el cerebro, el sistema nervioso autónomo y los músculos de los esfínteres que le permitan tomar conciencia de sus estados corporales internos y controlar de forma voluntaria la evacuación de las heces y la micción». Por su parte, José María Valora, en su libro *Cirugía pediátrica*, expresa: «A los cuatro años o cinco años de edad, el reflejo de micción debe estar totalmente integrado en la corteza central. El niño ahora tiene conciencia del deseo de orinar, así como la capacidad para iniciar, interrumpir o posponer la micción por contracción de la musculatura voluntaria y relajación del detrusor».

Según el *Manual diagnóstico y estadístico de los trastor-*

LO QUE ES EL CONTROL DE ESFÍNTERES:

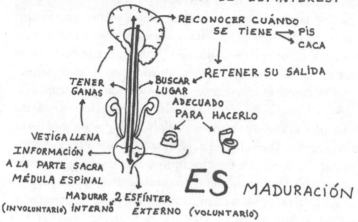

RECONOCER CUÁNDO SE TIENE → PIS / CACA

RETENER SU SALIDA

BUSCAR LUGAR ADECUADO PARA HACERLO

TENER GANAS

VEJIGA LLENA INFORMACIÓN A LA PARTE SACRA MÉDULA ESPINAL

MADURAR 2 ESFÍNTER INTERNO (INVOLUNTARIO) Y EXTERNO (VOLUNTARIO)

ES MADURACIÓN

LO QUE ALGUNOS CREEN QUE ES:

TÚ LO SIENTAS CADA HORA Y ESPERAS HASTA QUE HAGA ALGO

NO ES APRENDIZAJE

nos mentales (DSM IV), que es el manual que utilizan los clínicos e investigadores de las ciencias de la salud para diagnosticar los distintos trastornos mentales, se establece como trastorno de eliminación cuando un niño no controla las heces a partir de los cuatro años y la orina a partir de los cinco años; llegadas esas edades, es cuando habría que hacer una valoración del caso (lo que tampoco significaría que hubiese un problema), por lo que según la Academia Americana de Psiquiatría es normal no controlar los esfínteres hasta las edades indicadas.

¿CÓMO PODEMOS SABER SI ESTÁ PREPARADO?

El niño comienza a dar señales de que va madurando, pero no debemos caer en el error de confundirlas con el hecho de que ya esté preparado y controla sus esfínteres porque nos crearemos falsas esperanzas. Algunas de estas señales son:

- Pregunta qué es lo que estamos haciendo en el váter, siempre y cuando nos vea; es decir, tiene curiosidad.
- Quiere sentarse en el váter o el orinal, el interés nace del niño, no de nuestra insistencia o sugerencia.
- Se esconde para hacer caca, como nos pasa a los adultos.
- Empieza a decir que se ha hecho pipi o caca después de hacerlo (ojo, que tome conciencia una vez ha salido o durante no nos indica todavía que controle sus esfínteres; después empieza a nombrarlo mientras lo hace y, por último, aprende a avisar antes).
- Se quita la ropa y se la baja.
- Generalmente, primero aprende a controlar la caca nocturna, después por el día, seguido del control diurno del pis y, por último, viene el control nocturno de la orina.
- El pañal está seco. Este es el signo más importante de que

el niño está preparado: cuando respetamos su proceso es capaz de controlar sus esfínteres; aunque lleve puesto el pañal, busca el momento y el lugar adecuados para vaciarlos (no le gusta manchar el pañal). Cuando llega este momento es tan sencillo como preguntarle si quiere sustituir el pañal por la braga o el calzoncillo.

• Como podemos ver por estas señales, el control nocturno de la orina es diferente del diurno y, generalmente, más tardío. Esto se debe a una hormona que hace que el mecanismo sea diferente y más lento. Muchos niños se hacen pis mientras duermen hasta la adolescencia, y esto no suele deberse a ninguna causa orgánica ni psicológica, sino que más bien suele tener características genéticas.

¿QUÉ PODEMOS HACER PARA FAVORECERLO?

Para favorecer el proceso de control durante el día, lo primero que deberíamos hacer es tener muy presente cómo se desarrolla el niño. Muchas veces, lo mejor es no hacer nada, puesto que él mismo va a aprender, porque es una cuestión de madurez. Ningún adulto sano se hace pipi ni caca encima, lo que quiere decir que el ser humano como especie controla sus esfínteres.

Hay muchas técnicas para conseguirlo (algunas más acertadas que otras). Lo cierto es que, hagamos lo que hagamos, cuando llegue su momento, el niño acabará controlando sus esfínteres. Sin embargo, cómo viva ese proceso y las repercusiones que tienen estas técnicas a largo plazo (e incluso a corto) es lo que diferencia unas de otras.

En el proceso del control de esfínteres también hay una parte cultural que el niño debe conocer y un acompañamiento por nuestra parte:

- Explicarle qué es el orinal o el váter y para qué sirven; el niño no es adivino y utilizarlo depende del conocimiento que tenga del mismo.
- Dejar que nos vea a nosotros cuando vamos al baño con toda naturalidad (siempre que no nos incomode). Todos hacemos caca y pipi, es una necesidad de nuestro cuerpo (como comer), por lo que debemos vivirlo como algo natural, evitando comentarios del tipo «qué asco».
- Dejar que conozcan su cuerpo, que lo exploren. Primero necesitan conocerse a ellos mismos para poder hacer lo mismo con el otro.
- Sobre todo cuando son bebés, hemos de permitirles libertad de movimiento: no colocarlos en posturas a las que no llegan por sí mismos, no sentarlos hasta que no lo hagan ellos solos, no ponerlos de pie, evitar el uso de hamacas o aparatos que no les dejan moverse libremente, puesto que esos movimientos y posturas que descubren son las que les permitirán tonificar sus músculos y no forzarlos (la presión sobre el suelo pélvico es excesiva cuando los músculos no están bien tonificados).
- Debemos poner palabras a lo que ocurre y llamar a las cosas por su nombre. Si decidimos que lo que sale del culo es «caca», lo que hay en el suelo deberá ser «suciedad». No podemos decirle a un niño que un tetrabrik pisado que hay en el suelo de la calle es «caca» y después explicarle que el orinal es para hacer caca.
- Dejar que note lo que ocurre sin llevar puesto el pañal (siempre que sea iniciativa del niño y que no nos importe limpiarlo sin reprocharle nada) y sin el objetivo de que así vaya a aprender o de que esto forme parte de la «operación pañal».
- Ponerle ropa cómoda.
- No comparar.
- Aceptar sus retrocesos como parte del desarrollo: habrá días o semanas en las que muestre mucho interés y luego

lo pierda; es algo normal. Habrá niños que controlarán el pipi, pero que pedirán que les pongan el pañal para la caca. Los hay que hacen pis alguna vez en el orinal, pero ya no vuelven a pedirlo ni utilizarlo en meses...

- No reñir, castigar o ridiculizar, aunque sea de forma sutil. Evitar expresiones como: «¡Otra vez se te ha escapado!», «Tan grande y con pañal», «El pañal es de pequeños». Recordemos que la información de este proceso pasa por su parte emocional y esa es la vivencia del proceso.

- No forzarlo para que se siente en el orinal ni hacer que permanezca sentado esperando a que «salga algo».

- No utilizar castigos ni premios, ya que se ponen en juego mecanismos de motivación extrínseca. Si el proceso consiste en que el niño sea capaz de darse cuenta de que tiene la sensación y de ir hasta un baño para hacerlo, no tiene sentido que sea premiado desde fuera porque es un proceso interno. Si no lo controla no es porque no quiera, es que no puede. Aquí se incluyen las pegatinas con caritas sonrientes, las economías de fichas o los orinales con música. Algunos pensarán que un premio quizá no sea adecuado, pero sí ponernos tristes o contentos según lo hagan en un sitio u en otro... Pero os vuelvo a recordar que controlar los esfínteres es un proceso interno que necesita una motivación intrínseca que sale del propio niño, que no lo debe hacer para contentarnos a nosotros (por no hablar de cómo afecta esto a la vivencia emocional del proceso).

Entonces, ¿quién tiene el control?

Si el niño controla, controla. Si este es el caso, pero lleva pañal y le han explicado para qué sirve el váter o el orinal, aunque no se lo hayan «quitado» llegará hasta un váter y se lo quitará como si de una braga o calzoncillo se tratase, porque no querrá hacérselo encima (esto podríamos probarlo poniéndole un pañal a un niño de siete u ocho años y observando si prefiere hacérselo encima «porque lleva pañal» o va al baño).

Si el niño controla no se le escapará nada mientras juega, no dirá que no ha hecho cuando sí ha hecho y no habrá que estar preguntándole cada hora.

Si el niño tiene conciencia sobre su cuerpo, entonces este será capaz de controlar. En cambio, si somos nosotros los que lo sentamos cada hora con la esperanza de que salga algo y no le levantamos hasta que pase, los que le recordamos constantemente si tiene ganas de hacer, somos nosotros los que tomamos el control sobre su cuerpo (no dejamos que sea el niño el que tome conciencia, que sienta y que controle). Y no nos olvidemos que el fin es que el niño controle sus esfínteres, no que lo hagamos nosotros por él.

Es cierto que si tomamos nosotros el control, el proceso es «más rápido» e incluso podemos «quitar pañales» (que no es lo mismo que «dejar los pañales») a niños bastante pequeños, pero tenemos que ser conscientes de que, en este caso, no estarán controlando esfínteres, sino que estaremos «adiestrando», estaremos haciendo que establezcan una relación entre:

Sentarse en el orinal = Hacer caca o pipi
Ir sin ropa = Hacer caca o pipi

Pero no estarán estableciendo una relación entre:

Sentir ganas = Hacer caca o pipi

Porque no nos engañemos; en este caso el niño no controla nada, es el adulto.

¿Y si le hemos quitado el pañal y no va bien? Si nos damos cuenta de que nos hemos precipitado, de que sigue manchándose, de que si no lo «sentamos» en el orinal se lo hace encima o de que «no pide» que le llevemos, siempre se puede volver a poner el pañal; no pasa nada por rectificar, a él no le perjudica, no le confunde ni se retrasa el proceso (aunque seguro que habéis oído una leyenda urbana que dice que si se quita un pañal ya no se le puede poner de nuevo, pero lo cierto es que no hay ningún motivo real para no volverlo a hacer si es necesario).

¿QUÉ PASA SI NO RESPETAMOS EL PROCESO?

Aparte de toda la implicación emocional —tanto del pequeño como de los padres—, el niño al que se le ha «quitado el pañal» antes de que estuviera preparado, al que se le ha sentado en un orinal cada cierto tiempo, es un niño al que no se le ha dejado escuchar su cuerpo, por lo que se puede encontrar con problemas, tanto a corto como a largo plazo.

A corto plazo podemos enfrentarnos a que tengan miedo a hacer caca, una cuestión que lo llevará a retenerla, a sentir dolor al hacer caca y, por lo tanto, a problemas de estreñimiento. A largo plazo, se ha encontrado relación entre niñas a las que se les ha quitado el pañal antes de que estuvieran preparadas y que, de adultas, presentan problemas para mantener relaciones sexuales placenteras. En ocasiones, son niños que, en vez de controlar sus esfínteres, aprenden a apretar y retener sus esfínteres.

Por otro lado, hay que pensar en el tiempo maravilloso de juego y aprendizaje que pierde un niño sentado en un orinal mientras aguarda a que «salga algo». Si controlas, no hay que esperar. El control de esfínteres es un proceso que necesita tiempo para permitir que los sistemas maduren, pero ¿realmente tenemos tiempo y les ofrecemos el que necesitan para aprender a controlarlos? Solemos hablar de dar tiempo al niño, pero aquí, en España, cuando se acerca el verano de los dos años, nos empieza a entrar la prisa y se nos olvida el proceso. ¿Por qué? Porque, generalmente, no está bien visto entrar en el colegio con pañal, en el caso de la escolarización a los tres años (aunque en nuestro país hacerlo no es obligatorio hasta los seis). ¿La razón? Porque ha tenido más peso seguir una norma creada por la sociedad que tener en cuenta la fisiología del niño.

Habrá gran parte de los niños que controlarán, pero también habrá un porcentaje que no lo hará. Sánchez-Chapado y sus colaboradores establecen que el 21,1 % de los niños españoles de cinco años presentan enuresis. J. M. Lluís Font, por su parte, establece un porcentaje del 16,5 %. En efecto, hasta los cinco años entra dentro de la normalidad que el niño no controle los esfínteres (lo hemos visto antes en los criterios de la APA), entonces, ¿por qué exigimos algo que va en contra de la naturaleza? ¿Se nos ocurriría exigir que a todos los niños les saliera el primer diente a los cinco meses? ¿O que a todas las niñas les bajara la regla a la vez o esta fuera una condición para entrar en el instituto? ¿Qué podemos hacer? ¿Luchar contra la naturaleza o poner medios? Si entendemos el proceso, si entendemos al niño, quizá sea el momento de exigir más auxiliares en los colegios para que el pequeño que lo necesite pueda ir con pañal y, así, no acelerar un proceso que está demostrado que trae consecuencias a corto y largo plazo. Vamos en contra de la naturaleza, cuando deberíamos ir en contra de creencias sin fundamento y normas sociales sin base.

En conclusión, el niño sano acabará controlando los esfínteres antes o después, pero nosotros tenemos el mando sobre cómo puede vivir ese proceso. Quizá si empezásemos a hablar de «dejar el pañal» en vez de «quitar el pañal», comenzaríamos a entender que es un proceso madurativo que depende del niño y no del adulto.

EL DESARROLLO DE LA INTELIGENCIA

Jean Piaget, que es en quien voy a basar mi explicación, realizó una teoría sobre el desarrollo cognitivo. El niño, mientras construye su inteligencia, atraviesa una serie de etapas que Piaget denominó «estadios». Al atravesarlos, lo importante es el orden (aunque para cada uno haya unas edades aproximadas). Lo que Piaget comprobó (y han hecho después cientos de veces otros investigadores al reproducir sus estudios para intentar confirmarlos o desmentirlos) es que todos los niños atraviesan los estadios en el mismo orden —aunque puede que a diferente edad— y que las etapas superiores se apoyan en las inferiores. Por eso, a pesar de que nosotros sabemos hacer cálculos complejos y cuentas de forma mental, cuando lo necesitamos podemos contar con los dedos, ya que es una capacidad que adquirimos entre los seis y los doce años. Por la misma razón, un niño que ya anda, cuando se muestra inseguro, vuelve a gatear buscando los patrones adquiridos en los estadios previos.

¿Y qué hay que hacer para que el niño desarrolle su inteligencia? ¿Ponerle música clásica, llevarlo a clases de violín, hacerle ver programas educativos, crear ejercicios y actividades, enseñarle muchas palabras...? Pues la verdad es que es todo mucho más simple y natural.

Volviendo a Piaget, este también demostró que el niño iba desarrollando su inteligencia en contacto con el entorno y las personas, siempre de forma activa, modificando el medio y siguiendo su curiosidad, ya que, si las condiciones son las adecuadas, el pequeño aprende en todo momento, incluso aunque no queramos.

El autor estableció «cuatro estadios del desarrollo cognitivo» a lo largo de toda la vida: estadio sensoriomotor, preoperacional, de operaciones concretas y de operaciones formales. Lo que marcaba el paso de uno a otro no era una edad, sino las adquisiciones de cada etapa.

ESTADIO SENSORIOMOTOR (DE 0 A 2 AÑOS)

El niño, durante sus dos primeros años, construye su inteligencia a través de dos cosas: el desarrollo sensorial por medio de los objetos y el movimiento (algo que hace de forma activa, es decir, utilizando los objetos y no siendo mero espectador de cómo los demás los usan) y, segundo, moviéndose por sí mismo, descubriendo posturas y las formas de desplazarse (y no colocándolo en aparatos que le hacen moverse o siendo movido por otros).

Si tenemos en cuenta el orden evolutivo de los sentidos, primero se desarrolla el tacto, después la audición y, por último, la visión. Por eso no es de extrañar que los niños en los primeros años lo toquen todo y aprendan mucho más haciendo y manipulando que de las palabras. En cambio, cerca de la adolescencia se revierte el orden y los adultos ya no necesitamos tocarlo todo, simplemente con verlo podemos imaginar su textura, ya que nosotros estamos en otro estadio (en el que operamos de forma abstracta). Para que nos sea útil, hemos tenido que tocar y oír mucho de pequeños.

Por otro lado, el movimiento del bebé no es solo desplazamiento; es una necesidad y es la base de la inteligencia, y si le privamos de las experiencias que tiene que vivir en el suelo, también le estaremos privando de conocer su propio cuerpo, de actuar siguiendo su deseo, además de descubrir el ambiente y los objetos.

Esta etapa, a su vez, se subdivide en seis estadios, que voy a explicar muy brevemente, pero que nos ayudarán a entender las cosas que hace el niño al jugar, como cuando pasa tiempo tumbado observando sus manos o lanza objetos.

ESTADIO 1
Los movimientos del bebé son impulsivos, por puro reflejo. El bebé es capaz de cerrar la mano cuando nota una presión sobre la palma, pero lo hace de forma automática.

ESTADIO 2
En esta etapa ya es capaz de repetir los resultados que va descubriendo: se chupa los dedos, se quita el chupete (si lo usa), se toca la cara, junta las manos, aprende a arañar objetos (y su cara), se observa las manos, etc. El pulgar ya se opone y la mano adopta la forma de la cosa. Son las reacciones circulares primarias, en las que el niño está centrado en conocer su propio cuerpo.

ESTADIO 3
Aproximadamente, sobre los cinco meses, el pequeño aprende a coordinar la visión, la prensión y la succión, y aparece la manipulación intencionada, por lo que empieza a coger todo lo que ve. Aquí es cuando surgen las reacciones circulares secundarias; es decir, el bebé ya no se centra en su propio cuerpo, sino en el ambiente que le rodea (en especial en los objetos). Ahora es capaz de coger, agitar, golpear objetos y transferirlos de una mano a la otra.

ESTADIO 4
En esta etapa la conducta del bebé ya es intencional, intenta alcanzar un fin y, además, empieza a ser capaz de anticipar lo que va a ocurrir. También aparece la permanencia del

objeto, es decir, el pequeño es capaz de saber que las cosas siguen existiendo, aunque no las vea, así que busca lo que se le cae y destapa lo que está oculto. A nivel manipulativo, si el desarrollo motor ha sido libre, comenzamos a observar que cambia su forma de coger los objetos y de formar con la mano una pinza gruesa con forma de tenaza pasa a una fina en la que se oponen el dedo índice y el pulgar; esta pinza es propia de la especie humana, y suele aparecer cuando el niño comienza a gatear y sentarse por sí mismo. Por esta época también es capaz de coger objetos diferentes en forma y tamaño en cada mano, es decir, comienza a disociar las manos y también es capaz de chocarlos entre sí; es capaz de aplaudir (y no porque nosotros se lo hayamos enseñado). Al desarrollarse su visión en profundidad, además, comienza a distinguir entre continente y contenido, intentando sacar las cosas que se encuentran dentro de otras.

ESTADIO 5

Una vez anda, aparecen las reacciones circulares terciarias. Estas suelen ser las «grandes desconocidas», pero tienen mucha importancia, y se caracterizan porque el niño repite una y otra vez conductas, pero introduciendo variaciones. Ya no se centra en los objetos —como hacía en las secundarias—, sino que intenta descubrir nuevos resultados. ¿Alguna vez habéis visto a un niño en la trona lanzando cosas desde arriba una y otra vez? ¿U observando cómo ruedan objetos por una cuesta y repitiendo la acción sin descanso? ¿Destruyendo torres de encajables que un adulto ha construido? ¿Lanzando juguetes en vez de jugar con ellos? ¿O bien encajando unos objetos en otros? Pues todo esto son las reacciones circulares terciarias. No es que al niño le encante destruirlo todo, sino que está descubriendo las propiedades de los objetos mismos: cómo suena un objeto al caer, si rebota, si a través de uno de ellos puede alcanzar otro... Es una parte normal e imprescindible del desarrollo de la inteligencia y muy necesaria para poder pasar al siguiente estadio; si la intentamos inhibir, solo haremos que continúe su necesidad.

ESTADIO 6
Hasta ahora el niño necesitaba los objetos para manipularlos y, a través de ello, era capaz de descubrir cosas e ir construyendo su inteligencia. Pero, a partir de ahora, ya no necesita realizar pruebas con los materiales porque comienza a hacerlas de forma mental, simbólica, a través de su pensamiento. La aparición de esta función simbólica es lo que establece el paso al siguiente estadio.

Estadio preoperacional (de 2 a 6 años)

Lo que marca el paso del estadio sensoriomotor al preoperacional es la adquisición de la función simbólica; es decir, la capacidad de utilizar un significante en lugar de un significado, el poder del pequeño de operar con cosas no presentes. La representación se observa a través de cinco nuevas capacidades:

- El lenguaje: es una habilidad motora muy fina y precisa, por lo que tiene que apoyarse en todo el movimiento descubierto por el propio niño en la etapa anterior. El lenguaje está ligado al desarrollo del pensamiento, ya que cuando pensamos y reflexionamos, nos hablamos a nosotros mismos por medio de palabras. En esta etapa empieza a utilizar el lenguaje para referirse a cosas que no están presentes.
- La imitación diferida: es la capacidad de imitar cosas que no están presentes, que ha visto en otro momento. Tiene un gran peso para el aprendizaje ya que, además, no solo

es capaz de imitarlas, sino de introducir variaciones, por lo que está muy unida al juego simbólico.

- La imagen mental: es la capacidad de imaginarse cosas que no está viendo, de recordarlas o de construir imágenes. El pequeño ya no está centrado solo en lo que ve, por lo que puede recordar un sabor, un olor, una voz, una cara... Para poder construir imágenes mentales ha tenido que estar en contacto con la realidad (con los materiales, con las texturas, con las sensaciones, con el movimiento...); es decir, con los modelos de sensación previos que se adquieren en la etapa sensoriomotora.

- El juego simbólico: es el que viene a nuestra cabeza cuando pensamos en el concepto de juego (y del que os hablaré más adelante). Se trata de aquel en el que el niño hace «como si...», en el que cualquier objeto puede cobrar vida y tener un uso totalmente diferente al real. El juego simbólico está influido por el resto de manifestaciones de la función semiótica: el lenguaje, las imágenes mentales (que le permiten «sentir» y «visualizar», imaginar lo que no está allí presente) y la imitación diferida (a través de la cual puede recrear escenas que ha visto o vivido en sus juegos). Además, tiene un gran componente emocional; juega a lo que juega porque es importante y necesario para él en ese momento. Se trata, por lo tanto, de un medio natural y necesario para el desarrollo de la inteligencia.

- El dibujo: hasta el momento había sido un acto motor, es decir, el niño pintaba por el simple placer que le producía hacerlo, pero ahora deja de ser solo movimiento y emoción para empezar a tener un significado para él.

El dibujo acompaña el desarrollo y, según el filósofo y gran estudioso de la evolución del dibujo infantil Georges-Henri Luquet, también sigue una serie de etapas durante toda la vida. La primera es la del garabateo, que es una prolongación del movimiento de su brazo, está cargado de emoción y se realiza por placer. Es importante ofrecer superficies grandes y pintura de dedos, ya que sus movimientos son amplios. Esta etapa no debe ignorarse ni intentar sustituirse por actividades más «productivas» (véase figura 1).*

Después de esto, el niño perfecciona y controla más su trazo, pero no lo planifica; se trata de la etapa del realismo fortuito, y en ella es el propio niño el que, tras observar su dibujo finalizado, encuentra similitudes entre lo que ha dibujado y la realidad, lo que le lleva a volver a intentarlo en otra ocasión (véase figura 2).

En la siguiente etapa, la del realismo frustrado, el niño se encuentra dos grandes obstáculos; por un lado, le cuesta detener el trazo, y por otro, como su atención hacia la tarea es limitada y discontinua, esto hace que dibuje solo algunos detalles grandes y sin guardar proporciones. Es la época en la que representa la figura humana con los llamados «cefalópodos» o «cabezudos» por medio de un círculo que representa la cabeza, y con unas rayas que salen directamente de esta (que son las extremidades), a las que progresivamente les irá añadiendo detalles (véase figura 3).

Cada vez el dibujo es más realista, pero el niño no dibuja solo lo que ve; también lo que sabe (véase figura 4). En la etapa del realismo intelectual se observan las transparencias, por ejemplo, cuando dibuja las raíces de la planta debajo de la tierra, el pollo dentro del huevo o el contenido de una bolsa. Aquí también observamos los abatimientos, que son los cambios de enfoque imposibles dentro de un mismo dibujo, y que aparecen cuando el niño empieza a asumir

* A partir de aquí, las figuras referenciadas se encuentran en el pliego de imágenes al final del libro.

puntos de vista diferentes al suyo y, por ejemplo, dibuja la figura humana de frente y los pies y la nariz hacia un lado. En esta etapa también aparece la línea base, la del suelo, en la que apoya lo que dibuja y más adelante, la línea del cielo. Hasta que llega a representar lo que ve (véanse figuras 5 y 6).

En la etapa del realismo visual, empieza a dominar las reglas de la perspectiva y la profundidad, atendiendo al modelo. Por supuesto, se entiende el dibujo —igual que el juego o el lenguaje— como libre, sin que el adulto intente enseñar o dirigir lo que el niño tiene que hacer, ya que si el dibujo es un medio de expresión y de representación del desarrollo de la inteligencia, no tiene sentido que este venga impuesto desde fuera. Por eso será el propio niño, en función de sus experiencias y de su realidad, el que necesite dibujar; de esta forma estaremos favoreciendo su desarrollo. Por otro lado, sabiendo que el dibujo (libre) es un medio necesario y natural para el desarrollo de la inteligencia en la etapa de infantil y de primaria, ¿le damos en la escuela el tiempo y el espacio que se merece? ¿Está disponible en todo momento? ¿Puede dibujar de la misma forma que puede hacer uso del lenguaje, de la imitación diferida o de las imágenes mentales? ¿Hay que esperar al momento que dice el adulto, hacerlo de la forma que dicta el adulto, en el lugar que decide el adulto y con los materiales que escoge el adulto? ¿El dibujo se utiliza libremente, es decir, lo pueden usar para desarrollarse, o tiene una finalidad como hacer un mural o completar una actividad?

Esta misma reflexión podríamos aplicarla en la escuela infantil. El niño pequeño crea para sí; no tiene necesidad de dejar una huella de lo que hace, es exploración, es experimentación, sensación, movimiento... es placer. No es hasta que comienza a socializarse, aproximadamente a los tres o cuatro años, cuando empieza a utilizarlo como un medio de comunicación, creando para el otro. En ese momento ya tiene la necesidad de dejar su huella, lo que significa que posee conciencia de sí mismo y del tiempo; sabe que crea en el presente para proyectarlo en el futuro y que se convertirá en pasado.

Y si de nuevo es un medio de expresión, debería estar presente en todo momento para que el niño decidiera cuándo necesita usarlo (y, por supuesto, sin una finalidad). Porque el niño no dibuja o pinta para no salirse de la raya, ni lo hace para crear un mural; al pequeño no le interesa dejar sus huellas de pintura de dedos en una cartulina representando que son la lluvia y siguiendo las órdenes de un adulto, y por cierto, ¿¡qué tendrá que ver la lluvia con unos puntos de color azul!? Porque el niño no dibuja para hacer un regalito para «el día del padre», no busca una finalidad.

Lo que sí que necesita es expresarse a través de diferentes materiales; ya hemos visto la importancia del desarrollo sensorial en los primeros años, por lo que podemos ofrecerles materiales maleables —como el agua, la arena, el barro o la plastilina— que pueden borrarse, modificarse, destruirse o reconstruirse a su antojo. El niño pequeño crea con las manos en contacto directo con la materia y el primer soporte que utiliza cuando le ofrecemos materiales que dejan huella —como la pintura—es su propio cuerpo. Necesita pintarse las manos, los brazos, los pies, las piernas... y lo hace con delicadeza, con atención, reconociendo su cuerpo, sintiéndose, con placer (véase figura 7).

Como decíamos antes, cuando los pequeños comienzan a dejar huella no necesitan un lápiz y una libreta; necesitan espacios amplios, preferiblemente en vertical porque favorecen la posición corporal, el movimiento, el cambio de postura y el correcto desarrollo próximo-distal, realizando los movimientos que conducen la mano desde el hombro, de manera progresiva, moviendo el codo, la muñeca y finalmente el dedo. Es el propio niño el que va reduciendo el espacio gráfico que necesita; además, la distancia de los ojos al papel en vertical en estas etapas es más saludable para la visión. Después de todo este proceso, si le hemos ofrecido las oportunidades suficientes para que se exprese libremente y en el momento oportuno, comenzará a utilizar los útiles a distancia, usando el lapicero, el boli o el pincel y separando su cuerpo de la producción.

Estadio de operaciones concretas
(de los 6 a los 12 años)

Esta etapa está caracterizada por la utilización del pensamiento lógico aplicado a lo concreto; es decir, el niño necesita experiencias reales para aprender y cobra importancia el uso de la punta de sus dedos para vivenciar. Se trata de una etapa que se apoya en lo concreto, por lo que en la escuela debería primar el material manipulativo y el poder hacer por encima de lo verbal y lo visual (como las explicaciones, la pizarra, el libro de texto, los cuadernos), ya que no aprende de las experiencias concretas aisladas.

Estadio de operaciones formales
(de los 12 años en adelante)

Este estadio se caracteriza porque el niño comienza a utilizar la lógica y el razonamiento de forma abstracta. Al poder alcanzar el pensamiento científico, examina las consecuencias de algo de forma hipotética y el lenguaje cobra un papel fundamental.

En resumen...

A lo largo de este capítulo hemos visto cómo nos desarrollamos —desde lo más biológico al desarrollo de la inteligencia— y también hemos expuesto algunas situaciones que consideramos «problemáticas» en los primeros años, ya que es importante conocer cuál es el desarrollo natural y esperable, y no el «ideal» (ese que quizá nos han contado, en el que

los bebés duermen toda la noche, controlan sus esfínteres cuando los adultos lo deciden o no tienen
rabietas ni celos).

Tomar consciencia nos da el poder de decidir
cuál es la mejor manera de acompañar a nuestros
pequeños. Hemos visto que acompañar este desarrollo no necesita nada fuera de lo normal ni extra-
vagante, ni ejercicios ni actividades extraescolares,
pero sí que necesita de un buen acompañamiento
por parte de los adultos que están a su alrededor,
sabiendo detectar sus necesidades y ofreciéndole lo
que le hace falta. Para eso no hay recetas mágicas, ni
tablas con tiempos ni gomets que pegar...

Pero ¿qué es exactamente eso de acompañar?

3

Acompañar

Estilos parentales

Al relacionarnos con el niño, no solo se pueden crear diferentes tipos de vínculo de apego (y que, además, estos puedan depender del vínculo que tuvo el adulto con sus padres), sino que, en el día a día, entran en juego más variables, como lo restrictivo que sea el adulto. En función de ellas, Diana Baumrind, psicóloga clínica conocida por sus teorías en estilos de crianza en los años setenta, y Eleanor Maccoby y John Martin —quienes, unos años después, en 1983, extendieron el trabajo de Baumrind— describieron cuatro estilos de crianza que nos puede ser útil conocer brevemente para comprender la importancia de acompañar.

1. Estilo autoritario

Estos padres imponen criterios que cuentan muy poco con las necesidades emocionales del niño y le exigen madurez.

Lo importante para este tipo de padres es la disciplina y sentir que dominan la situación, por lo que imponen muchas normas y, para conseguir el cumplimiento de estas, utilizan premios y castigos. Hay poco nivel de comunicación y diálogo real entre el niño y los padres. Generalmente, estos tienen unas ideas estereotipadas sobre cómo deben de comportarse los niños (nociones que no se ajustan a la realidad ni a su hijo en particular).

Los padres que utilizan este estilo de crianza no acompañan, dirigen. No escuchan las verdaderas necesidades de sus hijos y actúan en consecuencia. Además, bajo su concepción, el amor es condicional, ya que «hay que ganárselo». Lógicamente el tipo de vínculo de apego que establecen con sus hijos no es seguro porque no han satisfecho las necesidades de los pequeños, sino las suyas propias. Pueden ser padres que «no lo han cogido para que no se acostumbrara», que lo han dejado llorar porque «no pasa nada», que lo han dejado solo en su habitación hasta que se dormía porque meterlo en la cama de los padres «era un mal hábito», que han decidido cuándo y cómo «quitar el pañal» y que han enseñado a su hijo a controlar sus esfínteres sentándolo cada hora en el váter, riñéndole si se manchaba y premiándole cuándo hacía en el orinal, que han ignorado sus rabietas hasta que «se le han pasado», que le han obligado a compartir, que se lo han llevado del parque como castigo cuando ha tenido un conflicto con otro niño...

¿Cómo es el niño que es tratado de esta forma?

Es un niño dependiente, algo que parece paradójico a priori, ya que estos padres son más «fríos» afectivamente con su hijo y, en cambio, el efecto es el contrario porque dependen más de ellos. ¿Por qué? ¿Recordáis el apego ambivalente que vimos en el primer capítulo? Pues porque el pequeño no es capaz de crear sus propios criterios (ya que estos le han sido siempre impuestos) y no ha tenido oportunidad de elección, de decidir e incluso de equivocarse. Por eso dependerá de lo que los demás le dicten, al tiempo que será poco asertivo y fácilmente irritable.

2. Estilo democrático

Estos padres escuchan a su hijo y responden a sus demandas. Hay comunicación entre ellos y la utilizan para explicarle las cosas. Ponen límites, pero no de manera autoritaria, sino explicando y razonándolos, por lo que se tratará de unos límites coherentes para dar estabilidad al niño y que este pueda actuar en libertad. No son ninguna limitación. Aquí no se utilizan el castigo ni el premio. Este estilo de crianza, además, estaría relacionado con un vínculo de apego seguro, con el acompañamiento y con todo lo que he ido transmitiendo a lo largo de estas páginas.

¿CÓMO ES EL NIÑO QUE ES TRATADO DE ESTA FORMA?

Responsable, con una autoestima adecuada y una alta competencia social, sabe tomar decisiones y trabajar en equipo, y con un concepto de sí mismo realista y positivo.

3. Estilo permisivo

Este estilo sería el opuesto al autoritario. Estos padres «dejan hacer» al niño, con pocos límites, pero mostrando bastante afecto y amor incondicional.

¿Cómo es el niño que es tratado de esta forma?

Por una parte, es agresivo, rebelde, impulsivo, egocéntrico, carece de control de los propios impulsos y antepone sus deseos y necesidades a los de otras personas ¿Por qué? Pues porque no está acostumbrado a los límites y descubre que el entorno social no satisface sus demandas. Baumrind considera que es un estilo de crianza que beneficia poco al niño.

4. Estilo indiferente

Estos padres no muestran afecto ni instauran normas; rechazan o son indiferentes (incluso negligentes) en el cuidado de su hijo. Suele darse en situaciones de maltrato. Este estilo de crianza se correspondería con el vínculo de apego desorganizado.

¿Cómo es el niño que es tratado de esta forma?

Tiene un concepto de sí mismo negativo, por lo que tiene graves carencias de autoestima, confianza y autorresponsabilidad. Su sentido del esfuerzo es bajo y presenta mayor predisposición a padecer trastornos psicológicos.

No hay que tomar estos estilos como modelos rígidos ni tenemos que utilizarlos para etiquetar a las familias que conocemos, sino para ir encajando las piezas y entendiendo que el trato y las interacciones con nuestros hijos (o con nuestros alumnos) tienen un peso importante. Si queremos que un niño «cambie», en vez de centrarnos en este, también tenemos que observar todo lo que está a su alrededor, porque si los adultos cambian, los niños también lo harán.

Mirándonos a nosotros mismos

En el primer capítulo ya hablamos de cómo el vínculo que habíamos creado con nuestros padres influía en gran medida en el vínculo que creábamos con nuestros hijos (o alumnos). Todos tenemos nuestras propias ideas sobre crianza y sobre lo que nos parece adecuado o no hacer con el niño (esto sucede incluso antes de tenerlo). Por supuesto, nos parece que nuestras ideas son las más acertadas, pero lo cierto es que estas, sin que nos demos cuenta, están muy influidas por la forma en que nos han criado. Cuando nos paramos a pensar, podemos darnos cuenta de que nuestros vínculos no han sido los que nos hubieran gustado, pero es importante aceptarlo y tomar consciencia para no repetir patrones poco saludables.

También es clave observarnos a nosotros mismos en situaciones diarias con los pequeños para poder analizar qué nos irrita («¡no grites!»), los miedos que tenemos («¡ten cuidado!»), qué sentimos cuando se mueven mucho («¡para!»), cuando pelean, cuando hay un conflicto. Porque todas estas situaciones despiertan en nosotros sentimientos y vivencias que, a veces, no tienen nada que ver con lo que realmente está ocurriendo en el momento y nos hacen responder de una forma poco ajustada, ya que nuestra propia historia emocional influye en las relaciones con los niños.

Conocernos más también nos conduce no solo a respetar a los niños, sino a respetar nuestras necesidades, reconocerlas y poder expresarlas. La auto-observación también nos lleva a ser conscientes de lo que transmitimos con:

- nuestro pensar
- nuestro decir
- nuestro hacer
- nuestro sentir

Ya que las respuestas de todos ellos deberían de ser congruentes; si no lo son, los niños notarán las incongruencias como una falta de seguridad. No olvidemos que el lenguaje que mejor entienden los niños en los primeros años es el emocional.

En el segundo capítulo comentábamos que el niño necesita al adulto en sus primeros años para aprender a regular sus estados emocionales mientras su cerebro no puede hacerlo por sí mismo (algo que ya hemos visto que es muy diferente a dejarlo solo). Y sí, en efecto, es importante que los adultos sirvamos de regulador emocional de los sentimientos del niño, pero para ello, como decíamos, antes debemos conocer los propios. Y parece algo evidente, pero, a veces, hemos aprendido a bloquearlos.

¿Acompañar o dirigir?

¿Creemos que el niño es capaz de desarrollarse por sí mismo si estamos a su lado o pensamos que necesita de nuestra «ayuda» y de lo que le proponemos para lograrlo? Si acompañas a alguien de compras, lo que todos entendemos es que la persona que necesita comprar es la que toma el mando y decide a qué tiendas entrar, lo que necesita y, si es necesario, nos consultará o pedirá ayuda. Nosotros seremos sus acompañantes y estaremos a su lado, pendientes de ella, pero no somos los que dirigimos la situación.

Con lo que hemos ido viendo en capítulos anteriores, sabemos que el niño aprende de forma activa, que se construye a sí mismo (también que cada uno es diferente y tiene su ritmo, su tiempo, sus intereses, sus necesidades, su motivación y que solo él sabe lo que necesita). Por lo tanto, ofreciendo tiempo, oportunidades y acompañamiento, cada niño aprenderá por sí mismo a moverse sin que le tengamos que enseñar, a hablar, a comer o a controlar sus esfínteres.

¿QUÉ ES ACOMPAÑAR?

- Centrarnos en el niño.
- Estar a su lado sin decirle lo que tiene que hacer y sin obstaculizar sus demandas.
- Tener en cuenta sus necesidades. Para ello hay que prestar atención, mirar —que es diferente que solo ver— y «estar a la escucha».
- Aceptar que cada uno es como es (y no como nos gustaría que fuera).
- Respetar el tiempo y el ritmo del niño.

¿QUÉ ES DIRIGIR?

- Es centrarnos en el adulto y en sus necesidades (lo que a él le gustaría, su interés y su motivación): «quiero que dejes el pañal», «voy a enseñarte a andar», «quiero que cambies la hora de la siesta», «te he apuntado a inglés»...
- Ir por delante del niño, tirar de él.
- Creer que si no le enseñan, no será capaz de conseguirlo, y considerando que esto es bueno para el niño.
- No respetar los tiempos ni los ritmos propios de cada niño, ni quién es realmente.
- No mirar ni escuchar lo que el niño transmite, la mayoría de las veces a través del lenguaje no verbal. Con tal de

recibir la atención que necesita de sus figuras de referencia, el niño no se queja, pero expresa lo que realmente siente mediante su gesto, su tono, su mirada, su postura.... El adulto ve y oye, pero no mira ni escucha, lo que implica ir un paso más allá.

A modo de ejemplo, cada verano en la piscina podemos ver a niños con «miedo al agua», aunque realmente no es miedo, sino prudencia (la necesaria para no introducirse en un medio que no dominan). También podemos observar a adultos que empujan a los niños un paso (o dos) más allá de lo que realmente necesitan, insistiéndoles para que salten desde la orilla, cogiéndoles las manos cuando no quieren, repitiéndoles en que lo hagan sin agarrarles las manos, retirándole la ayuda en el último momento...

Un día, en el parque, un abuelo jugaba con su nieta de menos de dos años y este insistía en que anduviera por encima de un bordillo ancho, a cierta altura. La niña, cogida por debajo de los sobacos, encogía las piernas, ya que claramente no quería. El abuelo veía a la niña, pero no la estaba mirando; este seguía insistiendo mientras la pequeña estaba suspendida en el aire hasta que finalmente estiró las piernas y comenzó a andar por donde le decían.

¿De quién era la necesidad de andar por ese bordillo? ¿De la niña o del adulto? ¿Qué señales emitía ella expresando otra necesidad?

Cuando dirigimos al niño de esta manera —aunque nosotros pensemos que lo estamos haciendo por su bien o para «ayudarle»—, creo que al pequeño le llega un mensaje que dice: «No me gusta cómo eres», «lo que haces no me agrada», «tengo que tirar de ti» o «mis ideas tienen más valor que las tuyas». El adulto siempre está pidiendo «un poco más» para que sea perfecto y no acepta que esté donde está, donde se siente cómodo, donde necesita.

Acompañar, en cambio, es conocer el desarrollo del pequeño para poderle dar respuesta, prestar atención, mirar, escuchar y aceptar. Consiste en estar disponible para ellos y, la mayor parte del tiempo, en esperar —que no es menos importante— y en dar respuesta a sus demandas.

Dirigir es sencillo, pero acompañar es un arte.

En resumen...

No solemos caer en la cuenta de que la crianza no es algo que acabe en la primera infancia; con nuestros actos estamos repercutiendo en lo que pasará a largo plazo y, si hay algo que nuestros hijos deben tener claro es que nuestro amor es y siempre será incondicional. Alfie Kohn, autor y profesor en áreas de educación, crianza y comportamiento humano, nos habla de estos dos términos, del amor condicional y el incondicional, y de cómo la diferencia entre ambos radica en amar a los hijos por lo que hacen o por lo que son. Estos dos términos continúan encajando con temas que ya hemos ido viendo a lo largo de estas páginas, como acompañar o dirigir, los estilos de crianza, los vínculos afectivos...

Cuando el amor es condicional, amamos al niño por lo que hace; es decir «si te portas mal, no te querré» o «si haces caca en el orinal, me pondré contento». Esta forma de entender las relaciones está relacionada con el conductismo, que intenta modificar los comportamientos con premios y castigos. Por eso, cuando el amor es condicional, el niño tiene que ganárselo actuando de la forma que los adultos consideramos que es la adecuada. Este amor,

135

a largo plazo, tiene consecuencias en el pequeño tales como ansiedad, miedo al fracaso y a mostrar sus emociones... No es para menos; nada es más importante para un niño que el amor que sus padres sienten por él, y retirar este cuando el pequeño no hace las cosas como a nosotros nos gustaría es una medida de control psicológico muy fuerte, ya que sentirse queridos y aceptados es una necesidad básica y es la base de su autoestima. ¿Cómo será el vínculo de apego cuando el amor tiene condiciones?

Por el contrario, cuando el amor es incondicional, se ama al hijo por quien es, sin importar cómo actúe, cómo se comporte o si tiene éxito. Cuando el niño es aceptado como es y por lo que es, entonces se favorece un vínculo de apego seguro.

Porque el amor no debería tener condiciones.

4

¿Cómo aprendemos?

La imagen del niño

Todos tenemos una imagen del niño, una mirada hacia la infancia —seamos padres, educadores o adultos sin hijos— y, según cómo sea esta mirada, nos relacionaremos con ellos de una u otra manera. Podemos creer que el niño no es capaz de aprender por sí mismo, podemos verlo como un ser al que aún «le falta» para ser adulto. «Pobre, todavía no anda», diremos en vez de «mira cómo explora el espacio reptando» y pensaremos en lo que nosotros, como adultos, tenemos que hacer para «ayudarle». Por otro lado, podemos creer que el niño es capaz de aprender por sí mismo si cuenta con un entorno y un acompañamiento adecuados; en este caso, lo que veremos será su potencialidad y todo lo que ya es capaz de hacer por sí mismo.

Nuestra mirada hacia la infancia puede ser implícita; por lo tanto, nunca hemos tomado conciencia de ella ni hemos reflexionado sobre lo que supone. Sin embargo, todos —con nuestros matices— tenemos una imagen del niño y, en función de esta, les hablaremos, estaremos con ellos, nos comportaremos de una forma determinada.

La imagen que tenemos del niño está relacionada con dos grandes corrientes: la empirista y la constructivista. Los empiristas —corriente influyente a finales del siglo XVII— pensaban que el niño venía al mundo como una «tabula rasa», como una pizarra en blanco, y que nosotros los adultos éramos los encargados de llenarla. Por lo tanto, la educación consistía en eso, en llenar, en ofrecer datos, en repetir lo que otros decían para que el niño, de una forma pasiva, los recibiese. Estas ideas, más tarde, se transformaron en un bombardeo de estímulos externos (siempre de fuera hacia adentro, en una dirección). Esta mirada sobre cómo aprende el niño, a pesar de haber pasado cuatro siglos, sigue muy presente en nuestras aulas: ¿cómo es la distribución de las mesas de los alumnos respecto a la del profesor en un aula de primaria?, ¿cómo se utilizan los libros de texto?, ¿por qué las paredes de las clases de infantil están tan llenas de estímulos?, ¿en cuántos centros aprobar un examen significa repetir exactamente lo que otro nos ha dicho? Los constructivistas —una corriente psicológica del siglo XX entre cuyos representantes encontramos a Piaget— pensaban que el niño no era un ser pasivo, sino que construía su propia inteligencia de forma activa, en contacto con el medio y con el mundo. Por lo tanto, aprender no es llenar, sino sacar de dentro.

Favorecer el desarrollo natural

El aprendizaje siempre parte de un vínculo con una figura de referencia, que es lo que le ofrecerá al niño la seguridad suficiente para explorar el entorno. En nuestra sociedad tendemos a correr y querer ir deprisa, a acelerar las etapas y, si de aprendizaje se refiere, más todavía. Descuidamos la importancia de los aprendizajes en los primeros años, que van a ser la base de los futuros, quizá porque nos parece que es «no hacer nada» o «perder el tiempo» y, por ello, pronto les introducimos actividades académicas y fichas para poder mostrar el resultado de todo lo que se ha trabajado. Sin embargo, solo conseguimos aprendizajes superfluos que pronto se olvidan.

En nuestro sistema educativo, ¿cuántas veces se repiten los mismos contenidos curso tras curso? Si de verdad se hubiera esperado al momento adecuado para cada niño y este hubiera comprendido los conceptos impartidos, ¿haría falta volver a repasar? En los primeros años nos cuesta respetar y ofrecer lo que necesitan en el momento preciso. Cuando os hablaba sobre el desarrollo de la inteligencia, hemos visto que hasta los seis años, lo que favorecía el desarrollo cognitivo era el juego, el movimiento, el desarrollo de los sentidos y el dibujo, todos ellos libres. Pero ¿ofrecemos estas opciones en las aulas de infantil o damos prioridad a otros tipos de actividades y dejamos estas en un segundo plano? ¿No es una incongruencia dar prioridad a otro tipo de actividades dirigidas que pretenden lograr lo que se conseguiría de forma natural jugando? Aunque el aprendizaje necesite tiempo y a veces nos puede resultar demasiado lento, aquellos conocimientos que los pequeños adquieren por sí mismos no se olvidan, ni hay que estar repasándolos curso tras curso porque son reales, significativos y están interconectados.

André Lapierre y Bernard Aucouturier —creadores de la psicomotricidad relacional y vivenciada— dicen: «Hay que saber perder tiempo para poderlo ganar. Aun situándose en el punto de vista restringido de los solos aprendizajes escolares, el tiempo pasado en "educación vivenciada" es tiempo ganado». Aprender no es, por lo tanto, recibir desde el exterior, sino construir. Para ello es necesario un entorno rico, el mundo real, el exterior, en el que el niño pueda hacer, descubrir, tocar, oler, sentir, moverse y también pueda equivocarse, repetir, vivenciar con todo su cuerpo. Será desde estas experiencias que podrá construir diferentes vías para llegar al conocimiento e integrar, relacionar y asociar datos que para él son importantes.

El movimiento

En el segundo capítulo, cuando hablábamos sobre el desarrollo de la inteligencia, vimos que el niño en sus dos primeros años estaba en una etapa sensoriomotora en la que, para desarrollarse, necesitaba movimiento y experiencias sensoriales con los objetos del entorno. Ahora, pues, vamos a centrarnos en la importancia del movimiento en el bebé.

El bebé nace con el cerebro sin desarrollar y durante el primer año de vida aproximadamente necesita una exterogestación, pero al mismo tiempo, conforme el niño se siente seguro y tiene sus necesidades satisfechas, comienza a conocerse a sí mismo y el entorno. Aquí es donde cobra importancia el movimiento del bebé, que se va a desarrollar junto con el cerebro, es decir, lo que vemos desde fuera. Los hitos que va alcanzando expresan cómo va madurando su sistema nervioso central. El niño se desarrolla siguiendo dos leyes, la céfalo-caudal y la próximo-distal, lo que significa que el niño madura de arriba abajo, de la cabeza a los pies y desde el centro del cuerpo hacia las puntas de sus extremidades. Esta es la razón por la que sostiene la cabeza mucho antes de sentarse y finalmente se pone de pie o la que explica por qué cuando saluda agita todo el brazo.

El bebé está preparado para alcanzar todos los hitos del

desarrollo en una secuencia concreta (que viene marcada en los genes y las características de nuestra especie), pero, de nuevo, como sucedía al hablar de su desarrollo, el ambiente y el acompañamiento tienen un peso importante. En esta ocasión es más notable, puesto que si el bebé no tiene la oportunidad, no atravesará las etapas del desarrollo motor y acabará finalmente caminando porque, hagamos lo que hagamos, nuestra especie camina. Pero eso sí, lo hará con los «vacíos» de información que esto supone, porque este desarrollo sigue una secuencia en la que cada hito se apoya en el anterior y, si existe, lógicamente, es por algo.

Aunque cuando os explique la evolutiva del movimiento hasta que comienzan a caminar, en algún momento nombre edades, estas deben servirnos a modo de orientación nada más, puesto que puede haber cierta variabilidad en cada bebé. Lo que realmente importa es la secuencia, la evolución y la calidad del movimiento (el cómo lo hace, más que la cantidad). Siempre, claro está, dentro de unos márgenes, puesto que también puede ser una señal de alarma para detectar alguna alteración (en los bebés prematuros hay que tener en cuenta la edad corregida al menos hasta los dos años).

Cada nuevo hito alcanzado por el bebé (fruto de su deseo por moverse) requiere una maduración interna muy compleja, sobre todo a nivel del sistema nervioso central. Sus emociones se encuentran desorganizadas, algo que explicaría por qué se puede observar en algunos bebés que con cada nuevo aprendizaje están más ansiosos, duermen peor...

LOS PRIMEROS MESES DEL BEBÉ

El bebé viene al mundo replegado, con sus extremidades semiflexionadas y sus manos en puño (primero con el pulgar dentro y, en pocos días, fuera). Conforme pasa el tiempo, se va abriendo, sus piernas y sus brazos comienzan a separarse del cuerpo y sus manos se van encontrando más extendidas, aunque todavía no controla sus movimientos, que son descoordinados y sin intención.

Más o menos, sobre los tres meses, el bebé se coloca en la línea media. ¿Esto qué quiere decir? Que si lo miramos desde arriba cuando está boca arriba, comienza a ser simétrico y es capaz de mantener la cabeza centrada (hasta ese momento, su cabeza solía estar ladeada hacia un lado o hacia el otro, y su cuerpo también tendía a estar asimétrico). Ahora ya es capaz de mover ambas piernas o ambos pies al mismo tiempo, también de forma simétrica. Alcanzar este eje le permite dirigir la mirada hacia adelante y será el futuro eje que utilizará de orientación espacial y temporal, una coordenada fundamental.

Para que el bebé pueda mover la cabeza de un lado al otro es importante que se encuentre en un espacio sin límite visual; por ejemplo, dentro de una minicuna o del capazo del carro el pequeño no tiene estímulos a los que mirar. Con estímulos no me refiero a colgarle juguetes o móviles que le hacen mantener la mirada y la cabeza en un punto fijo y que, por mucho que lo intente, no puede alcanzar; me refiero a estímulos del día a día, los naturales, los que se mueven a su alrededor (por ejemplo, por dónde entra la luz de la habitación, las sombras que crean los objetos, seguir con la mirada a su hermano mayor que se mueve por la habitación...). Las barandillas de las cunas y las mallas de los parques también actúan como límite perceptivo y no favorecen el adecuado desarrollo motor.

En esta época, a pesar de dirigir su mirada al exterior según los estímulos que le llegan (que, por cierto, debemos procurar que lo hagan por ambos lados), el bebé «no quiere ver». A veces interpretamos que el hecho de que llore en el capazo significa que «se aburre» o que «quiere ver». Lo que sucede seguramente es que el niño no quiere estar solo, sin notar la presencia de su figura de referencia, pero no tiene la capacidad de ver de lejos. De hecho, está en una etapa de centrarse en sí mismo y no en el exterior, como vimos al hablar del desarrollo de la inteligencia. Por lo tanto, no hagamos interpretaciones erróneas y comencemos a colocar al bebé en el «huevo» o en la silla del coche que se puede acoplar a la estructura del carro, ya que la postura de este no le beneficia en absoluto por mucho que la reclinemos y, además, el niño pasa de estar libre a estar inmovilizado por los tirantes.

En esta etapa, pues, está conociéndose a sí mismo, sus posibilidades, sus movimientos (por eso, por ejemplo, se chupa las manos y después se las mira con atención). Es todo lo que necesita. ¿Qué ocurre si en esta época le «entretenemos» agitándole un sonajero ante la cara o si lo colocamos en una manta de actividades con objetos que cuelgan o ante un espejo? Le estaremos desviando de lo que verdaderamente es importante para él en este momento.

Aquí también comienza a llevarse las manos a la boca (primero una, luego las dos a la vez), algo que se conoce como «patrón mano-mano-boca». Cuando lo vemos aparecer, enseguida lo interpretamos como que el bebé se ha quedado con hambre o que va a coger el «mal vicio» de chuparse el dedo. Nada de eso. El patrón en el que se lleva ambos puños a la boca es normal y natural y debe respetarse; no tenemos que estar continuamente sacando los puños de la boca del bebé ni colocándole objetos en las manos, ya que los puede retener por contacto, pero no es lo que necesita. Tampoco es recomendable intentar colocarle el chupete porque, como todo lo que ocurre es por algo, esta acción favorece que le salgan los dientes. No es que «le molesten», sino que al llevarse los puños a la boca raspa con los nudillos las encías, favorece que se rompan y permite el paso de los incisivos que estaban dentro de las cavidades alveolares desde el nacimiento (por cierto, la lactancia materna también favorece este proceso).

En esta etapa inicial también comienza a levantar las piernas, a sostenerlas contra la fuerza de la gravedad y a encontrarse más tarde los pies (es más, doblado sobre sí mismo llega incluso a chupárselos). Como la base dónde está apoyado, sobre su espalda, es cada vez más pequeña, es posible que se quede volcado hacia un lado, donde continuará con su exploración de las manos, las piernas... En conclusión, viendo la importancia que tienen las manos en estos primeros meses, será importante dejarlas libres y sin nada que las tape.

A LOS SEIS MESES

Sobre los seis meses aproximadamente ocurre un hito importante: el volteo. ¿Por qué surge este giro voluntario de boca arriba a boca abajo? Porque su cerebro madura y los hemisferios se integran y comienzan a traspasar información de un lado al otro. El bebé, que ha estado centrado en sí mismo, comienza a «abrirse al mundo», le empiezan a interesar los objetos y, movido por su deseo, intenta alcanzarlos. Al principio solo puede probar a hacerlo con la mano que tiene más cerca, pero debido a esta nueva adquisición en su desarrollo cerebral, a que progresivamente los puntos de apoyo sobre su espalda son menores y a que las piernas las mantiene elevadas, ahora es capaz de lanzar la mano del lado contrario hacia el objeto que desea, traspasando su línea media. Esta acción concluye con el pequeño boca abajo apoyado en los codos; al principio es habitual

que un brazo quede atrapado por debajo del cuerpo, pero en pocos días aprende a sacarlo.

La reversibilidad de una postura requiere tiempo, por eso es habitual que sepan voltearse, pero no regresar a la posición de boca arriba cuando se cansan. Progresivamente, van dominando este regreso; mientras tanto, no tenemos que llegar al punto de que comiencen a llorar porque no sean capaces o estén cansados, sino que deberemos ser nosotros los que lo devolvamos a su posición inicial. ¿Cómo? Estableciendo contacto visual, anticipándole verbalmente lo que va a pasar, esperando su reacción y entonces lo cogeremos con sensibilidad, asegurando un buen sostén.

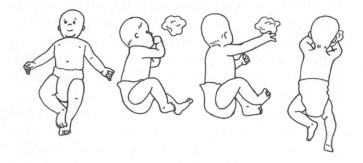

Como esta postura la adquiere por sí mismo, desde su deseo como motor y las posibilidades que va desarrollando su cuerpo, la vive con disfrute, no le resulta desagradable.

Pronto comienza a desplazarse movido de nuevo por el deseo de explorar el espacio y los objetos que allí encuentra, bien girando sobre su ombligo —como si fuera un reloj, pero sin desplazarse linealmente—, bien arrastrándose. Primero irá hacia atrás porque, debido a la ley céfalo-caudal, que establece que el desarrollo sea de arriba abajo, predomina la función de los brazos sobre piernas, y porque no coordina bien esas fuerzas. Después irá hacia adelante impulsándose con los brazos de forma simétrica y simultánea y activando en paralelo los dos brazos y los dos ojos. También puede desplazarse volteándose, pero esto supone un gran gasto energético para el niño.

El reptado es similar al arrastre, pero con una gran diferencia: de nuevo debido al desarrollo que está ocurriendo dentro de su cerebro, al reptar se activan las vías cruzadas y empieza a ponerse en marcha de forma evidente la actividad de su cuerpo calloso y de sus dos hemisferios, que trabajan al mismo tiempo, pero ya no como una unidad. En esta fase se inicia la percepción tridimensional a nivel de visión, audición y tacto; es decir, el desarrollo de sus sentidos también está en relación con el movimiento. ¿Y cuál es la diferencia que percibimos? Pues que ahora ya no se desplaza utilizando ambos brazos al mismo tiempo, sino que el patrón es contralateral. Es decir, el niño comienza a utilizar las piernas y las mueve de forma alterna a la vez que el brazo, avanzando con el brazo y la pierna contrarias (el patrón que utilizaremos el resto de nuestra vida al andar).

Cuando observamos que el pequeño avanza solo moviendo los brazos (o cuando ya repta, pero no levanta el tronco del suelo), podemos tener la tentación de poner las manos en las plantas de sus pies para que se impulse o porque creemos que así fortalecerá las piernas. Esta práctica no es adecuada, primero porque el siguiente paso no es que apoyen las plantas de los pies y se impulsen con estas (para eso aún queda todo un proceso), sino que se apoyen en las rodillas al gatear. Segundo, porque no es necesario, ya que el niño debe descubrirlo por sí mismo, unido a su deseo y a las posibilidades que su cuerpo le va ofreciendo; y tercero, porque si hay una patología que le vaya a impedir realizarlo (que no suele ser el caso), habrá que conocer lo que ocurre y lo que necesita.

ALREDEDOR DE LOS NUEVE O DIEZ MESES

Cuando ya lleva un tiempo desplazándose por el ambiente, aproximadamente sobre los nueve o diez meses (antes no suele ser habitual), el bebé comienza a elevar el tronco, a despegarlo del suelo y a reducir sus puntos de apoyo, quedando en la postura de gateo, sobre las palmas de las manos y las rodillas. Allí permanece, moviéndose ligeramente, pero sin avanzar.

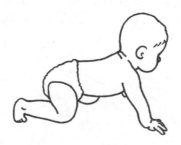

A partir de este momento pueden ocurrir dos cosas: o bien que se siente, o bien que comience a avanzar hacia adelante, gateando. Ambas transcurren en un periodo tan corto de tiempo que casi son simultáneas.

Después, debido a esa ley céfalo-caudal, empezará a elevar todavía más el tronco y liberará las manos del suelo, comenzándose a quedar de rodillas; esta postura evolucionará hasta ponerse en cuclillas antes de colocarse de pie y, en alguna ocasión, al «oseo» (que es cuando el niño avanza de manera contralateral, pero reduciendo aún más los apoyos, haciéndolo sobre las palmas de las manos y las plantas de los pies). Tras todo este camino, alcanzará la bipedestación.

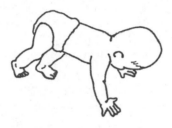

No olvidemos que durante todo este desarrollo aparecen las posturas intermedias, que sirven de unión entre un hito y otro, y que son igualmente importantes.

Sentarse

El bebé habitualmente se desplaza boca abajo a través del arrastre, el reptado o el gateo, movido por una motivación o por el deseo de dirigirse hacia un determinado objeto; cuando lo coge, lo explora boca arriba o sentado ya que estas posturas le permiten una mayor manipulación. En el momento en que el niño se sienta libera sus manos como punto de apoyo, lo que le permite manipular los objetos y, por lo tanto, favorece su desarrollo cognitivo. Además, esta nueva postura también le permite dirigir su visión y audición hacia la distancia, a un plano diferente de cuando está tumbado en el suelo.

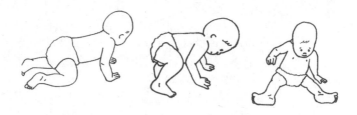

Esta nueva adquisición es beneficiosa cuando la postura la logra el niño por sí mismo, pero si hay una postura en la que el adulto interviene generalmente, es en esta, sentando al bebé mucho tiempo antes de que lo vaya a lograr por sí mismo.

Anteriormente ya os he hablado del famoso «quiere ver», una interpretación que realizamos desde nuestro punto de vista, ya que para nosotros es muy incómodo estar tumbados en el suelo y resulta más confortable estar sentados. De esta manera malinterpretamos otra necesidad del bebé y creemos que colocarlo sentado será lo adecuado. De hecho, muchos adultos sientan al bebé en el sofá, quedando su barbilla pegada al pecho con una postura que nada le favorece y, si lo observamos con detenimiento, nos da muestras de su incomodidad. Otros padres prefieren sentarlo sobre el almohadón de la cama adulta o en aparatos creados específicamente para ello —como asientos o hamacas— que, además, lo inmovilizan y no son adecuados para el bebé (por mucho que así nos lo vendan). También hay adultos que levantan al bebé de la cuna o del suelo tirando de sus manos; otros lo incorporan sentado en una postura intermedia antes de alzarlo o lo sientan en sus cuidados. Interpretan que ese «abdominal» que hace el bebé es una forma de «pedirles» que quiere sentarse, en vez de entender que es la consecuencia de moverlo de una forma que no es adecuada. Sea como sea: al bebé no hay que sentarlo.

El niño al que se le respeta todo el desarrollo motor puede llegar a la postura de sentado de diferentes maneras, pero siempre partiendo de la postura de boca abajo y elevándose progresivamente (desde la postura de gateo o colocado de medio lado con una sedestación oblicua); nunca lo hace desde la posición de boca arriba en la que haya de realizar un gran abdominal. Por lo tanto, si tiramos de sus manos para incorporarlo y «ayudarle», realmente no le estamos favoreciendo; de hecho, esto tiene un gran inconveniente porque el niño corre el riesgo de querer salir de esa nueva postura que le ha sido impuesta por el mismo camino que ha llegado. ¿Cómo? Pues lanzándose hacia atrás sin buscar los puntos de apoyo necesarios y haciéndose daño.

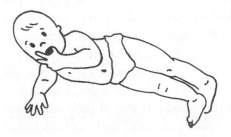

En nuestra sociedad existe la creencia de que los bebés a los seis meses ya deben sentarse (o por lo menos «mantenerse sentados»). En primer lugar, la edad habitual a la que un bebé logra esa postura es entre los nueve o los diez meses (bastante más tarde de lo que se cree). Este mito suele generar cierta preocupación cuando observamos que nuestro bebé de medio año está bastante lejos de llegar a esa posición. Y si no aprende a sentarse hasta esa edad, no es lógico que los capazos de los carros sean tan pequeños, ya que generalmente su uso se agota mucho antes porque el bebé no cabe en ellos. Además, al colocarlo en la silla de paseo e inmovilizarlo con unos tirantes en una etapa en la que necesita tanto movimiento, lo que suele ocurrir es que se mueve en la única dirección que puede, hacia adelante, forzando todo su cuerpo mientras realiza un gran abdominal.

Por otro lado, a los seis meses la mayoría de pediatras nos dicen que debe comenzar con la alimentación complementaria y esta, en nuestra sociedad, se ofrece en una trona (en la que también está sentado y atado). Es importante recordar que el pequeño también puede comer en «las faldas» del adulto y que la alimentación es complementaria a la lactancia, nunca sustitutiva. En segundo lugar, «mantenerse sentado» con ayuda de cojines o respaldos (y después sin ella) no es ningún paso previo para que el bebé adquiera la posición de sentado; de hecho, dificulta que la alcance por sí mismo.

En muchas escalas de valoración, que es lo que se utiliza para evaluar si un niño está siguiendo un desarrollo correcto (no confundirlas con las pruebas que realiza el pediatra para comprobar si su desarrollo neurológico está yendo por el buen camino), se valoraban —y desafortunadamente se sigue valorando— posturas que el bebé no alcanzaba por sí mismo y en las que el adulto debía colocarlo («mantenerse sentado» suele ser una de ellas). Algunos adultos interpretan que son posturas que por lo tanto tienen que enseñarse, pero Emmi Pikler demostró que «enseñar» a los bebés a sentarse colocándolos con apoyos que progresivamente retiraremos no generaba ningún beneficio (ni adquirían la postura antes que los niños a los que se les dejaba explorar el ambiente en libertad desde otras posturas). Tanto interviniendo como sin hacer nada, todos los niños llegaban a la postura de sentado por sí mismos sobre los nueve o diez meses, pero los que habían sido «entrenados» podían encontrar más dificultades en sus posturas, en sus apoyos y desplazamientos que los que habían seguido un desarrollo natural.

¿POR QUÉ NO DEBEMOS SENTARLOS?

- Si nos fijamos en la espalda de un bebé al que se le ha sentado, observamos que no está recta. Y es que las curvaturas de su columna también se van formando a la vez que descubre las nuevas posturas y desplazamientos, por eso la columna de un bebé al que se le sienta permanece en forma de C de manera mucho más evidente que la de uno que llega por sí mismo a la postura. Además, al sentarlo podemos provocar sobrecargas en su espalda que pueden contribuir a la aparición de escoliosis o hiperlordosis lumbar.

- Al sentar al bebé prematuramente podemos favorecer que aparezcan dificultades respiratorias, ya que su espalda está arqueada y, por lo tanto, su capacidad respiratoria es menor.

- Puede provocar trastornos visuales y auditivos porque, al sentar a un bebé, este integra el plano vertical antes que el horizontal, lo que puede generar problemas en la visión y en el desarrollo progresivo de la función duocular y duoaural (dos ojos y dos oídos que se activan como uno solo). Además, no puede desarrollar correctamente la binocularidad y la capacidad de enfoque.

- Si el bebé tiene que apoyarse en las manos para sujetarse o estar pendiente de no perder el equilibrio, el desarrollo del movimiento de sus manos y su coordinación (como la manipulación, tan importante para el desarrollo cognitivo) se ve limitado, así como la capacidad para coger objetos y soltarlos. Además, no puede coger lo que quiere sino lo que el adulto le da.

- Sentarlo contra su voluntad provoca la anulación de su autonomía natural, de su deseo. El niño se convierte en un observador pasivo, ya que poca cosa puede hacer en esa postura aparte de observar. En vez de ser el protagonista de su historia, se limita a que alguien le ofrezca un juguete; si este se le cae un poco lejos, no puede recuperarlo; si quiere otro objeto, no puede cogerlo. Esto genera una gran dependencia del adulto y lloros innecesarios, cuando podría ser el propio bebé el que explorara el entorno y aprendiera de los movimientos de su cuerpo.

- Cuando está sentado, las piernas toman un papel pasivo muy diferente a las de un niño que está boca abajo en el suelo volteándose, chupándose los pies, cogiéndoselos, reptando o gateando.

- Un niño sentado de forma prematura va a tener más difi-

Razones para NO sentar a un bebé

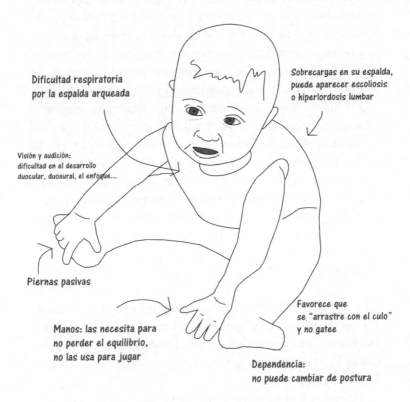

Dificultad respiratoria
por la espalda arqueada

Sobrecargas en su espalda,
puede aparecer escoliosis
o hiperlordosis lumbar

Visión y audición:
dificultad en el desarrollo
duocular, duoaural, el enfoque...

Piernas pasivas

Manos: las necesita para
no perder el equilibrio,
no las usa para jugar

Favorece que
se "arrastre con el culo"
y no gatee

Dependencia:
no puede cambiar de postura

El bebé aprenderá a sentarse por sí mismo cuando esté preparado

Laura Estremera

cultades para gatear (o directamente no lo conseguirá) ya que le faltarán todos los movimientos y experiencias previos de suelo de los que no ha podido disfrutar al haberlo colocado en una postura para la que no estaba preparado. Además, el gateo parte de la postura de boca abajo, pero si el niño no sabe salir de la postura de sentado hacia la de boca abajo..., ¿cómo va a gatear? Lo habitual es que aparezcan formas anómalas de desplazamiento, que aunque estén generalizadas y ocurren con más frecuencia de lo que debería, no se tendrían que normalizar y tomar como alternativas al reptado o al gateo. Como el deseo del niño continúa presente y cognitivamente no tiene ninguna dificultad, lo habitual será que comience a desplazarse desde la postura en la que se encuentra y que le han impuesto, sin regresar al suelo y de esta forma observaremos que se desplaza arrastrando el culo, con una pierna hacia adelante y otra hacia atrás... postura que no es beneficiosa para la espalda ni para la cadera del bebé.

Gatear

El gateo parece haber adquirido gran importancia en nuestra sociedad y parece que todo el mundo (profesionales, profesores, etc.) tiene claro que es fundamental que el bebé gatee. Pero la pregunta que me hago es: ¿solo es importante el gateo? ¿Y por qué?

Claro que el gateo es importante, pero parece que solo nos ha llegado el mensaje de que los niños tienen que gatear sin tener en cuenta todo lo que rodea a este hecho. Seguramente, porque un niño que llega a gatear de forma natural ha tenido la oportunidad, las experiencias y el acompañamiento adecuado para conseguirlo. Es fundamental que los bebés lleguen a gatear; pero lo realmente importante es todo el camino previo hasta lograrlo, todo el desarrollo desde que nacen. De nuevo, no tiene mucho sentido inmovilizar a un bebé durante nueve meses sin respetar su desarrollo motor y, de repente, pretender que gatee, obsesionarnos con él y realizar todo tipo de ejercicios y estimulaciones para que lo logre. Un bebé que se mueve libremente por el suelo no solo es un grupo de músculos funcionando o unos músculos unidos a un cerebro en formación. Un bebé respetado, al explorar, adquiere autonomía, tiene confianza en sí mismo y puede decidir y autogestionarse.

Por otro lado, gatear o no gatear no es algo que dependa de la suerte ni de la genética, sino de las oportunidades y del acompañamiento. Ya hemos visto el desarrollo motor natural y cómo un hito favorecía que surgiera el siguiente; si potenciamos este desarrollo, el gateo va a aparecer, claro está, siempre que el niño no presente una dificultad como puede ser alguna patología, alguna dificultad en la visión o algún reflejo primitivo no inhibido. Pikler, en la investigación sobre el desarrollo motor libre y autónomo que realizó con 722 niños, observó que todos gatearon. ¿Qué fue clave para obtener estos resultados? Claro está que fueron niños a los que se respetó plenamente su desarrollo natural.

Por otro lado, como ya hemos visto, el gateo no se hereda. Oigo con frecuencia a padres decir que su hijo no gateará porque ellos no lo hicieron o porque no lo hizo el hermano mayor. Esto no es cierto. Lo que puede ocurrir es que volvamos a repetir los mismos patrones que realizamos con el hermano mayor y que dificultaron el desarrollo motor natural, y repitamos de nuevo la historia.

El gateo tampoco se adquiere por imitación. Muchas veces oigo que para que un bebé se anime a gatear, tenemos que hacerlo nosotros en casa para que nos vea y así nos imite, o bien, que fue gracias a ver al perro como su hijo comenzó a gatear. Si el desarrollo motor se adquiriera por imitación, ¡lo que harían nuestros bebés sería andar, que es lo que llevan viendo desde el día que nacieron! Tampoco gatearán a pesar de que los colguemos de una toalla en su tronco ni mediante otras muchas ideas que se le ocurren a la gente porque, como ya hemos visto, el desarrollo motor es una secuencia y necesita de todo lo adquirido previamente para poder llegar a él.

¿POR QUÉ ES IMPORTANTE EL GATEO?

- El reptado, y posteriormente el gateo, se realizan de forma contralateral, es decir, avanzando el brazo y la pierna contraria al mismo tiempo: esto refleja que se activan los dos hemisferios cerebrales a través de las vías cruzadas. El niño desarrolla los reflejos de caída (poder poner las manos de forma automática cuando caes para evitar hacerte daño), lo que ayuda a prevenir futuros accidentes.
- Una de las diferencias entre el arrastre y el gateo es cómo se colocan las articulaciones. En el gateo, los hombros y las caderas se centran; además, esto favorece a que se forme la articulación de la cadera y funcione adecuadamente.
- Al avanzar gateando el pie se flexiona y extiende, lo que contribuye a que se comience a formar el arco plantar.
- El pequeño adquiere tono muscular en las piernas.
- Promueve el cierre de la boca, los movimientos linguales y el desarrollo y la correcta posición de las arcadas dentarias y, con ello, la alimentación y el lenguaje expresivo.
- El hecho de colocarse sobre cuatro puntos de apoyo (manos y rodillas) hace que el niño tenga un esquema de equilibrio más complejo y conozca su propio cuerpo, estructurando su esquema corporal.
- Como el sistema visual se desenvuelve y madura a la par que el desarrollo motor y están intensamente interrela-

Beneficios del GATEO

Desarrolla los reflejos de caída

Conecta los hemisferios cerebrales

Favorece la convergencia visual
y el enfoque de los ojos

**Hace posible
un desplazamiento
corporal organizado**

Mejor equilibrio

Tiene relación con
la futura
lectura y escritura

Adquiere tono
en las piernas

Completa
la rotación
de las piernas
hacia adentro

Laura Estremera

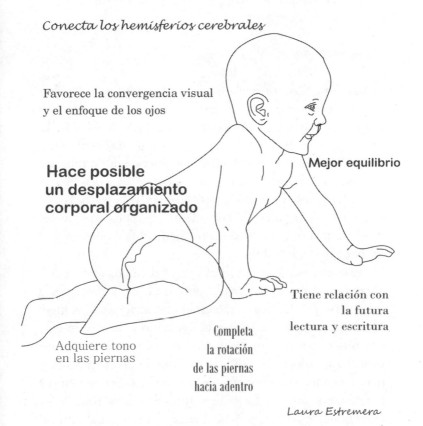

cionados, con el gateo empieza a percibir el espacio en tres dimensiones.

- Promueve el desarrollo de la audición biaural y la convergencia visual, es decir, que los dos sonidos que escucha, uno por cada oído, o las dos imágenes que ve, una por cada ojo, se fusionan e integran en una sola a la par que favorece el desarrollo del enfoque de los ojos al alternar la visión de lejos y de cerca (descubriendo la noción de «braza», la distancia que hay entre el ojo y la mano).

Ponerse de pie

Si hay otra postura en la que comúnmente intervenimos —quizá porque queremos que se parezcan a nosotros, o motivados porque creemos que cuanto antes lleguen a ella, mejor— es la de ponerse de pie. Es muy habitual ver al adulto «ayudando» al bebé a andar, aunque dudo que este sea consciente de que no le está ayudando, sino más bien al revés. La industria también intenta «ayudar» a los bebés de una forma poco adecuada ofreciendo aparatos que favorecen la verticalización de forma prematura (algo que veremos un poco más adelante).

Continuando con la evolutiva, el bebé que gatea se desplaza por el espacio, movido por su deseo, y comienza a interesarse por las cosas que están más arriba (en los muebles, en las estanterías), así que, siguiendo su ley céfalo-caudal, reduce sus puntos de apoyo y empieza a verticalizarse: primero se coloca de rodillas y explora desde esa postura y, más adelante, logra ponerse de pie (utilizando también sus manos como apoyo). Entre la postura de estar arrodillado y la de ponerse de pie, el bebé realiza una postura de transición que se llama «la posición del caballero», en la que el niño levanta una rodilla del suelo y apoya toda la planta del pie, con la que se impulsa y, ayudado de sus brazos y manos, logra levantarse (aunque continúa siendo una cuadrupedia, ya que utiliza brazos y piernas como en el gateo). Una vez de pie, juega, ensaya, se agacha un poco, se levanta... hasta que comienza a avanzar ¡de lado!

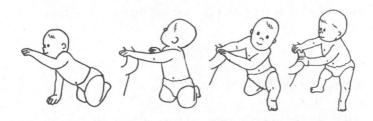

Se trata de un detalle muy importante: el bebé pasa varios meses realizando marcha lateral. Esto significa que avanza agarrado a los muebles y paredes utilizando también las manos con un patrón cruzado. En cambio, cuando empleamos un tacatá o le damos las manos para andar, ¿cómo les hacemos avanzar? Siempre hacia adelante. Poco a poco, el bebé va soltando los apoyos de las manos e inicia la marcha libre, una marcha que, si se ha respetado el proceso natural, tendrá unos buenos apoyos, un buen equilibrio, un tono adecuado y vivirá con placer.

En nuestra sociedad creemos que todo este proceso tiene que terminar al celebrar el primer cumpleaños, pero lo importante es la calidad del movimiento y la secuencia, y que se respete la aparición de las diferentes posturas y desplazamientos, ya que unas se apoyan en las otras. Los niños no siempre comienzan a caminar al año; de hecho, el abanico temporal es muy amplio, de los nueve a los dieciocho meses.

Principios del movimiento libre

Aunque el bebé está preparado genéticamente para atravesar todas las etapas del desarrollo motor, el ambiente, las oportunidades que tenga y nuestro acompañamiento pueden influir. Por lo tanto, para que el desarrollo motor se desenvuelva de forma natural hay que tener en cuenta una serie de principios:

- No hay que colocar al bebé en posturas a las que no llega por sí mismo; si este se encuentra en una postura conocida, que ha alcanzado él, se siente seguro y le acompaña un buen equilibrio. Cuando al bebé se le coloca en posturas que no ha alcanzado por sí mismo, su sensación es de falta o pérdida de equilibrio, se siente inseguro y le resulta desagradable. Es cierto que cuando ignoramos estas señales, y lo colocamos una y otra vez en posturas que le son impuestas, al final se acaba acostumbrando e incluso las toma por seguras. Esto es lo que ocurre cuando sentamos al bebé de forma prematura; al cabo del tiempo, el bebé toma por segura esa postura que le es conocida a pesar de no favorecerle e inmovilizarle; «me lo pide», «quiere estar sentado» decimos. Esta es la razón por la que cuando tomamos consciencia de que hemos sentado al bebé y queremos ofrecerle nuevas oportunidades de exploración, sea tan costoso hacerlo. El bebé toma como seguro lo que conoce y comenzar un nuevo camino desde el suelo, que para él es totalmente desconocido, le crea inseguridad; por eso es tan importante en estos casos nuestro acompañamiento y presencia como base segura, ya que al bebé le llevará un tiempo comenzar a descubrir las posibilidades de su cuerpo y lo que el movimiento y la exploración le ofrecen. Solo en la medida en que el bebé vaya descubriendo todas esas nuevas posibilidades desde la seguridad, podrá ir progresivamente abandonando las posturas que le han sido impuestas; es un proceso complejo y que debe acompañarse con mucho cariño.

- Colocarlo en posturas a las que no llega por sí mismo puede generar crispaciones más o menos intensas de grupos musculares. Solo el bebé sabe cuándo está preparado para adoptar una nueva postura. Muchas veces se pregunta «¿es bueno para las piernas del bebé colocarlo de pie?». Sus piernas solo estarán preparadas para la bipedestación cuando lo logre por sí mismo (igual que con cualquier otra postura).

- Al colocar al bebé en posturas que no ha logrado por sí mismo, favorecemos indirectamente que se salte etapas. Si por ejemplo a un bebé que se arrastra por el suelo comenzamos a colocarlo de pie o en el tacatá, a darle las manitas y hacerle andar, es fácil que no continúe con su exploración por el suelo y se salte el gateo, porque es poco usual y además complejo que sin haber llegado por sí mismo a esa postura, como por ejemplo estar de pie, sea capaz de bajar de nuevo hasta el suelo.

- No hay que adelantar etapas; antes no es mejor. Carece de sentido intentar que hagan cosas más evolucionadas porque lo que realmente estaremos generando son «vacíos» en su secuencia del desarrollo. En el desarrollo motor es posible saltarse etapas —todos conocemos niños que no gatean o que «pasan directamente a andar»—, pero tenemos que ser conscientes de que no les estamos haciendo ningún favor porque con nuestras intervenciones directas no hemos dejado que siguieran el curso natural de su desarrollo y en momentos posteriores de su vida necesitarán lo que deberían haber adquirido en estas primeras etapas.

- Los bebés aprenden sin enseñarles., Solo necesitan tiempo, espacio y un acompañamiento adecuado para descubrir todas las etapas del desarrollo motor; no hace falta que nadie les enseñe ni utilizar aparatos para ello. Tampoco es necesario concluirles sus movimientos iniciados (no ayudamos cuando les «empujamos un poquito» en su volteo para que terminen boca abajo); los movimientos deben iniciarlos y finalizarlos por sí mismos.

- No hace falta estimular (ni de forma verbal ni utilizando juguetes como reclamo) desviando al bebé de lo que realmente quiere hacer y llevándolo hacia donde nosotros creemos que es lo adecuado o nos apetece en ese momento. El bebé es activo y competente, tiene la capacidad de decidir y el motor del movimiento es su deseo. Con frecuencia oigo a adultos diciendo que su bebé «es vago», que «no quiere moverse» o que «no le interesa»... Cada bebé es diferente, claro, pero dentro de esa variabilidad individual, si no tiene ninguna patología específica, hace muchas cosas y le interesa moverse.

- Es cierto que ver al bebé capaz y competente conlleva un cambio de mirada adulta para comenzar a prestar atención en lo que sí saben hacer, en vez de lo que les falta. Fijaos en lo habitual que es en nuestra sociedad preguntar «¿todavía no le ha salido ningún diente?, ¿gatea?, ¿come frutas, anda, va a la escuela, lee?». Aquí también es necesario acompañar, saber esperar y dejar a un lado nuestras expectativas o lo que a nosotros nos gustaría para reconocer al bebé que tenemos delante.

LA INFLUENCIA DE EMMI PIKLER

Si en alguien me baso especialmente al hablaros sobre movimiento es en Pikler, por lo que creo necesario dedicar unas líneas a su trabajo. La pediatra Emmi Pikler fue directora de un orfanato en la época del hospitalismo. Ella ideó una pedagogía original para evitar los efectos de crecer institucionalizado y asegurar unas condiciones de desarrollo natural en los pequeños. Para ello estableció tres puntos clave en su instituto: la calidad de los cuidados personalizados que proporcionaban un número limitado de educadoras (para que los niños pudieran tener un marco de vida estable); un entorno adaptado a las necesidades de su edad en el que pudieran jugar libremente (idea que en la época era bastante rompedora, puesto que los niños acostumbraban a estar en cunas); dejarles completa libertad de movimiento (concepto también revolucionario, ya que hasta el momento «se enseñaba» a moverse al bebé sentándolo o poniéndolo de pie).

Con estas medidas, Pikler no solo consiguió evitar los efectos del hospitalismo sino que en 1969, tras más de veinte años de observaciones, publicó una investigación sobre el movimiento libre. En esta demostró cómo el desarrollo motor surgía de forma espontánea mediante la actividad autónoma, apoyándose en la maduración orgánica y nerviosa. Demostró que, pese a haber un programa genéticamente preparado, este solo aparecía en las siguientes condiciones de libertad: siempre que el adulto no interviniera, se respetase al niño, se le considerara como una persona competente y se favoreciera su desarrollo autónomo. Realizó la investigación con 722 niños y observó que, en estas condiciones, no solo aparecían las posturas fundamentales más conocidas, sino también otras intermedias, que estas se ejecutaban sin crispación, y que el niño adquiría comportamientos de prudencia.

¿Cómo favorecer el movimiento libre?

Si observamos el apartado anterior os he contado principalmente lo que no hay que hacer. Ahora os voy a hablar de lo que favorece que el desarrollo motor se desenvuelva de forma natural; aquí no voy a decir nada de cuánto tiempo tiene que estar el bebé el suelo ni desde cuándo, porque no se trata de ningún método ni de una serie de recetas, sino una forma de acompañar y de entender al niño, aunque es cierto que hay ciertas condiciones ambientales que tenemos que tener en cuenta.

Nuestro acompañamiento

El desarrollo motor no consistirá en dejarlos en el suelo y aprovechar nosotros para hacer otras cosas, ir a otra habitación o sentarnos en el sofá a ver la tele. Que vivan la etapa del suelo plenamente no significa abandonarlos, sino estar presentes. Nosotros somos su base segura desde la que explorar; el desarrollo motor comenzará en nuestro cuerpo y, progresivamente, los bebés comenzarán a explorar (primero su cuerpo, luego los objetos y el entorno). Este camino solo pueden recorrerlo si se sienten seguros y, para eso, tenemos que estar junto a ellos en el suelo, acompañándolos, ya que somos los que les garantizamos esa seguridad.

Nos puede parecer que simplemente quedándonos a su lado «no hacemos nada» o que «está entretenido» y no nos necesita, pero estando presentes hacemos mucho. Estando a su lado y prestándole atención se siente mirado, importante y seguro. Cuando observamos al bebé descubrimos y aprendemos muchas cosas sobre él; vemos al niño real tal cual es, con todas sus potencialidades; somos testigos de todo lo que es capaz de hacer y le damos valor; identificamos la serenidad que siente el bebé jugando solo y moviéndose por sí mismo, siguiendo su deseo, lo que nos lleva a aceptarlo y respetarlo.

El espacio

Para moverse, el bebé necesita un suelo firme y amplio, aunque al principio los espacios muy grandes puede que no le resulten agradables. Colocarlo en la cama o en el sofá no es buena idea; primero, porque la superficie no tiene la dureza suficiente —es inestable y se hunde—, por lo que los apoyos que realiza no son adecuados y se «cae», o por eso muchas veces interpretamos que bebés muy pequeños «voltean», pero es la superficie blanda del colchón y a veces la inclinación del sofá lo que hace que al mínimo movimiento el bebé ruede; en segundo lugar, es muy peligroso, porque el pequeño puede caerse desde cierta altura. Al inicio, colocar una manta en el suelo puede ser buena opción, pero en cuanto comienza a moverse por ella se le enrolla por debajo y dificulta su movimiento. Quizá un suelo vinílico pueda ser una opción si lo que queremos es aislarlo del frío, pero la verdad es que al niño no le va a ocurrir nada por estar en el suelo «sin protección»; de hecho, una vez empieza a desplazarse, necesita moverse por el suelo de toda la casa. Lo que es importante es que el hogar sea seguro (sin muebles que se le puedan volcar encima ni objetos peligrosos o enchufes no protegidos). De este modo no tendremos que estar todo el día diciéndole lo que «¡no!» puede hacer o tocar, ya que hasta bien pasado el primer año de vida el niño no asimila el carácter inmutable de una norma. Por otro lado, hay que evitar los peligros importantes porque una cosa es favorecer un entorno lo más normal y natural posible y otra es que el bebé sea capaz de valorar el riesgo de emprender una acción. El niño que se mueve libremente desarrolla cierta prudencia y ajusta sus apoyos y movimientos a las situaciones que se va encontrando, pero muchas veces desconoce el riesgo que conllevan.

Objetos

Debemos colocar objetos en el espacio que se adapten en calidad y cantidad a su curiosidad; es lo que le motiva a moverse y favorece la manipulación (que es importante para el desarrollo de la inteligencia). Cuando os hable del juego más adelante, veremos cómo deben ser estos objetos.

Ropa

Hoy en día se vende mucha ropa para bebé que reproduce la de un adulto. Es fácil vestir a un niño pequeño con pantalones, petos vaqueros o camisas... ¡cuando apenas tiene cuello y no se pueden ni cerrar los botones! Los adultos que se visten de esa forma andan, no están por el suelo volteándose, agachándose y cambiando de postura cada minuto. Los pantalones y los petos vaqueros, las capuchas que se quedan atrapadas bajo su cuerpo cuando voltea, o los vestidos que se enganchan bajo las piernas al gatear... son prendas habituales que no favorecen el movimiento. Debemos colocarle ropa que le permita moverse, elevar las rodillas tanto como quiera, separarlas, que no se enganche bajo su cuerpo...

ZAPATOS

¿Cuánto tiempo dura un zapato en el pie de un bebé? Calzarlo es un hecho estético y cultural, no hay ninguna necesidad real de ponerle zapatos. Además, el bebé percibe gran parte de la información sensorial a través de los pies y si estos están cubiertos, lógicamente, se la pierde.

Tener los pies descalzos ofrece al pequeño mejores apoyos y evita que se resbale; sus pies están preparados para ello y, además, es algo que suele manifestar claramente (aunque no hable). Los zapatos deberían comenzar a utilizarse cuando el niño empieza a caminar por la calle y como medio de protección para evitar que se clave algo en el pie. Eso sí, en casa, en la escuela o en entornos cerrados no es necesario llevarlos.

QUÉ NO FAVORECE EL MOVIMIENTO

El bebé debe tener la oportunidad de estar en el suelo teniendo en cuenta todas las condiciones que favorecen el movimiento libre. Hay muchas prácticas habituales que no benefician el desarrollo del bebé (y no solo el motor, porque, como hemos visto, todo está interconectado). Que algo «siempre se haya hecho», por lo tanto, no significa que sea adecuado o que no se hubiera podido hacer de una forma más respetuosa. Hoy en día tenemos información para poder distinguir lo que favorece al niño y lo que le perjudica.

Por otro lado, en el mercado nos venden todo tipo de artilugios y la industria ha visto una oportunidad de ventas en el bebé. Los padres, queriendo lo mejor para nuestros hijos y pensando en que «si lo venden, será por o para algo», los compramos. Pero tenemos que saber una cosa muy importante y es que gran parte de los objetos y aparatos que se venden destinados para el bebé no son adecuados —muchos de ellos incluso le perjudican— y, a pesar de ello, su fabricación y posterior venta está permitida.

El gimnasio

Cuando hablamos de gimnasio me refiero a la típica manta de tela para bebés de un metro cuadrado (o menos) sobre la cual atraviesan algunos arcos de los que cuelgan juguetes y en la que se coloca al niño bajo ellos. A simple vista puede parecer adecuada porque permite el movimiento del bebé y lo cierto es que no es un elemento perjudicial, pero sí que es prescindible. Este tipo de mantas son bastante diminutas (de hecho, se utilizan cuando el bebé es pequeño), pero tal y como hemos visto, el niño tiene que centrarse en su cuerpo, en sus sensaciones, se lleva las manos a la boca, se las mira. Su deseo todavía no está en los objetos ni en el entorno más allá de su figura de referencia, de ahí que estas mantas tengan el objetivo contrario (que el bebé se centre en lo que hay fuera, como son los juguetes que cuelgan, que, por cierto, últimamente también son sonoros y luminosos).

El bebé colocado sobre su espalda en un espacio adecuado gira su cabeza en función de los estímulos naturales que recibe: una persona al pasar, un sonido, la luz y las sombras de la habitación... En cambio, este tipo de aparatos favorecen que la cabeza del bebé permanezca fija en un lugar observando un objeto que le cuelga a poca distancia. Estos objetos, además, no son para jugar, porque el bebé no suele poder alcanzarlos. Muchas veces ni siquiera está en un momento evolutivo preparado para coordinar la vista y la prensión, pero, de ser así, este tipo de manta no permite cogerlos, manipularlos y llevárselos a la boca (que es la forma que tiene de explorar y de desarrollar su inteligencia).

La superficie sobre la que se apoya al bebé suele estar llena de telas que producen diferentes sonidos al tocarlas y que suenan cuando él está colocado sobre esta, sin poder localizar la fuente del sonido ni tomar conciencia de que es su propio cuerpo el que lo produce. Lo mismo ocurre con unos «juguetes» que se han puesto de moda en estos últimos años: las muñequeras y tobilleras que se colocan al bebé y que, al moverlas, suenan como una maraca; lógicamente, el bebé no sabe que el sonido lo produce él mismo y cada vez se pone más nervioso ante el sonido y se mueve más, creando una excitación innecesaria. Otro de estos juguetes de moda es un piano que se coloca a los pies del bebé, atado a los barrotes de la cuna, para «aprovechar» los movimientos involuntarios de las piernas del pequeño y convertirlos en melodías. La cuestión es que si el bebé está tumbado boca arriba no se ve los pies (ni es consciente de dónde proviene el sonido o que lo está produciendo él con sus golpes). Además, un bebé que se encuentra en una etapa de boca arriba está muy lejos de necesitar «estimular» y «coger fuerza» en la planta de los pies o las piernas.

Volviendo a las mantas y su relación con el movimiento, estas tampoco lo favorecen ya que, siguiendo las fases del

bebé, después de que este se centre en su cuerpo comenzará a interesarse por los objetos. Es el deseo por alcanzar los objetos que se encontraban en el suelo a su alrededor —junto con la maduración neurológica y el empleo de menores puntos de apoyo— lo que le permitirá intentar alcanzar un objeto alejado y llegar a voltearse. Si los objetos se encuentran colgando sobre la cabeza del bebé y además este se encuentra rodeado por cuatro arcos que apenas le permiten moverse, tanto el deseo como las posibilidades para hacerlo van a ser menores, por no hablar de lo difícil que es intentar arrastrarse con una manta debajo del cuerpo.

Hamacas y sillas de coche

Las hamacas, por mucho que se reclinen, mantienen al bebé atado e inmovilizado, lo que no favorece su desarrollo motor y, por lo tanto, el de la inteligencia. El niño no necesita descansar sentado o inclinado (esa posición es cómoda para nosotros, los adultos); ellos reposan mejor y además es más seguro cuando lo hacen sobre su espalda y boca arriba.

Cuando un bebé «se cansa» de estar en el suelo no le hace falta una hamaca (seguramente, en ese momento lo que necesita son los brazos de su figura de referencia). En la hamaca, además, el bebé es dependiente de lo que el adulto le coloca en las manos «para entretenerse», lo que genera lloros innecesarios. Cuando estos no son atendidos, aparece la resignación, que es cuando el bebé deja de pedir lo que no va a recibir (no confundir con que «es bueno», «se porta bien» o «se ha acostumbrado»). Como el bebé necesita moverse y está atado, solo puede hacerlo en una dirección, haciendo un gran abdominal, que malinterpretamos pensando que «se quiere sentar». De esta forma, vamos elevando el reclinado de la hamaca y sentándolo prematuramente, perjudicando su desarrollo motor.

Por otro lado, un bebé pequeño en una hamaca o una silla del coche no puede girar la cabeza de lado a lado como lo hace en el suelo, y esta permanece fija en un mismo punto todo el tiempo. ¿Habéis visto la cantidad de niños que tienen una parte de su cráneo más plano? No hace falta colocarles cojines especiales para prevenirlo; dejar al bebé en el suelo más a menudo favoreciendo la libertad de movimiento y llevarlo en brazos es todo lo que necesita.

La postura que adopta el bebé en la silla del coche (el famoso huevito) no es adecuada para él, pero es la necesaria

para intentar salvar la vida de nuestro bebé si sufrimos un accidente con el automóvil. Por lo tanto, es muy importante utilizar los sistemas de retención infantil en el coche, pero no para pasear por la calle. A todo lo dicho anteriormente sobre la hamaca, se suma la imposibilidad de reclinarlo y que no favorece una correcta respiración del bebé al permanecer su barbilla rozándole el pecho.

El parque

En el conocido hoy como instituto Lóczy —donde Emmi Pikler puso muchos de sus descubrimientos en práctica— se utilizaban (y utilizan) parques para los bebés, pero más amplios de lo que concebimos aquí con este nombre. En dichos parques, el bebé no está atado y puede cambiar de postura, voltearse, sentarse o tumbarse, pero no puede avanzar ni desplazarse. En general miden un metro cuadrado, el espacio es muy limitado para el movimiento y la red o los barrotes le crean un límite visual; además, suele llevar unas anillas que favorecen precisamente alcanzarlas con las manos y ponerse de pie con unas posturas de transición pobres, sin haber explotado las etapas previas y mucho antes de lo que debería.

Asientos y el cojín de lactancia

Ya hemos visto que no es adecuado sentar al bebé antes de que lo haga por sí mismo, puesto que no le sirve para aprender una nueva postura, perjudica su cuerpo y además favorece que se salte etapas. Pues aun sabiendo esto, se venden aparatos específicos para mantener al niño totalmente sentado y se publicitan como ergonómicos y adecuados para un bebé pequeño. Es clave recordar que un asiento, por muy cómodo que sea, inmoviliza al bebé y le hace alcanzar posturas para las que no está preparado.

Por su parte, los cojines de lactancia, cuando se publicitan, suelen mostrar lo «evolutivos» que son y cómo pueden utilizarse durante un largo periodo de tiempo: primero, durante el embarazo para dormir más cómoda; después, para ayudar a dar el pecho y, por último, para «asistir» a sentarse al bebé. Pero no, este no necesita ser apoyado en cojines para sentarse ni para estar cómodo, ya que el bebé se sienta cuando alcanza por sí mismo esa postura.

El tacatá o andadera

Parece que cada vez está más extendida la idea de que el tacatá no beneficia al bebé, sino que le perjudica. Esto no solo se debe a que el pequeño puede caerse y tener un accidente, sino que la industria se ha dado cuenta de que cada vez más adultos rechazan su uso y lo han intentado «compensar» creando variaciones que continúan siendo igual de desfavorables. A muchos de estos aparatos les han quitado las ruedas y por lo tanto permanecen fijos en el suelo; así el bebé no puede llegar hasta unas escaleras y caerse por ellas (se conocen como «centros de actividades»). Otros solo permiten desplazarse en línea recta y en un corto recorrido, algunos girar alrededor de un punto fijo y, sin embargo, siguen siendo igual de perjudiciales. ¿Por qué?

Si atendemos a la postura de un bebé que está en un aparato de este tipo, observamos que su peso recae en los genitales; el bebé está colgando, su peso se apoya de arriba abajo. En cambio, cuando el niño inicia la marcha de forma autónoma, lógicamente, no se apoya sobre estos, sino que tiene el suficiente tono muscular y equilibrio para aguantar su propio cuerpo sobre los pies y soporta su peso desde abajo hacia arriba.

El apoyo de los pies de un pequeño no es el correcto ni el que necesitará después para andar, porque, ponga el pie como lo ponga, el aparato avanza y solo tiene que impulsarse. No hace falta tener los apoyos correctos, la postura adecuada, el tono suficiente ni el equilibrio para avanzar; de hecho, el bebé suele empujar con el pecho, con los brazos hacia atrás, y colocando los pies «de puntillas» o en equino (un apoyo diferente al que necesitará más tarde para andar de forma autónoma).

Cuando respetamos el desarrollo motor, el bebé se apoya en los descubrimientos previos y descubre cómo ponerse de pie con los apoyos correctos, juega con su equilibrio y desequilibrio, ajusta el tono a lo que está haciendo... Esto le permite ir descubriendo su cuerpo, sus posibilidades, sus limitaciones e ir desarrollando una autonomía y autoestima sanas y la confianza en sí mismo. Cuando un bebé es colocado en este tipo de aparatos pierde la oportunidad de realizar todos estos descubrimientos, pierde momentos de suelo, favorece que se salte etapas del desarrollo y que adquiera la prudencia que aparece conforme descubre nuevas posturas y desplazamientos, ya que un bebé en un tacatá no necesita saber parar ni frenar (de allí no se puede caer ni se hace daño aunque se golpee contra los objetos porque el aparato es el que recibe el impacto).

Lo que me resulta curioso es que el aparato va muy por encima de sus posibilidades reales. Cuando intervenimos en el desarrollo motor, por un lado, mantenemos al niño inmovilizado durante largos periodos de tiempo dentro del carro, la hamaca o asientos varios y, por otro, le ofrecemos un movimiento irreal. Cuando hablábamos del desarrollo de la inteligencia hemos visto que el bebé necesitaba moverse y favorecer el desarrollo sensorial (ambos debían de ser activos, partiendo del propio niño). Este tipo de aparatos, en cambio, no benefician ninguna de estas dos necesidades: además de que la manipulación que permiten es muy pobre, suelen tener una bandeja frontal que ni siquiera le permite bajar los brazos. ¿Os imagináis lo cansado e incómodo que debe de ser permanecer con los brazos levantados sin poderlos bajar?

Por otro lado, una de las cosas que motiva a un niño a moverse o a «llegar a» es precisamente la necesidad de alcanzar objetos; en cambio, un bebé en un tacatá no puede agacharse a recoger nada, no puede recuperar lo que se le ha caído de la bandeja y, en definitiva, ve reducida su manipulación. Es cierto que algunos aparatos vienen de serie con juguetes fijos en la bandeja, pero el niño no necesita solo tocarlos, sino también agarrarlos, llevarlos hasta su boca, agitarlos, golpear unos con otros, lanzarlos, recuperarlos, esconderlos, verlos aparecer... Todo esto no es posible con unos objetos pegados a una bandeja, que además suelen ser de plástico, por lo que también limita sus experiencias sensoriales. Además, ¿recordáis que ya comentamos cómo el bebé no comenzaba a andar hacia adelante, sino que pasaba varios meses realizando la «marcha lateral», es decir, que cuando el bebé alcanzaba la bipedestación y se ponía de pie de forma natural, comenzaba a desplazarse hacia los lados y no hacia adelante? En cambio, ¿cómo le hace avanzar este aparato? Pues hacia adelante, una marcha para la que su cuerpo no está preparado. Como vemos, los inconvenientes del tacatá van más allá de poderse caer por una escalera. Uno de los principales es que favorece que el bebé se salte

¿Por qué NO es recomendable el TACATÁ?

Brazos pasivos: no puede bajarlos, hay una bandeja que se lo impide

Manos con escasa manipulación: solo puede jugar con los juguetes de la bandeja

No le enseña cuándo debe frenar

No hay control del cuerpo

No puede agacharse a coger objetos

Cuelga sobre sus genitales

No le permite cambiar de postura

Él no decide cuándo entrar ni salir

Dependencia del adulto

Mala colocación del pie

Dificulta el desarrollo de los «reflejos de caída»

No necesita descubrir el equilibrio antes de verticalizarse y avanzar

Se salta la fase de marcha lateral

No aprende a medir distancias

Dificulta el gateo

Resta experiencias de suelo

No le damos la oportunidad de que cree herramientas para ir avanzando hacia su autonomía

Laura Estremera

etapas y, como ya hemos visto, el desarrollo motor no es simplemente mover músculos, sino que está conectado con el desarrollo de más aspectos como, por ejemplo, el sensorial. Por lo tanto, el desarrollo de la visión y de la audición tampoco será el mismo si se usa este tipo de aparatos.

EL SALTADOR

Este es como un tacatá, pero que cuelga del marco de una puerta con unas gomas para que el pequeño rebote. Como es muy similar al tacatá, perjudica tanto como este con el detalle añadido de que estimula la extensión de las extremidades inferiores cuando el bebé las tendría de manera natural en flexión. Además, si no logra esa posición por sí mismo es porque sus articulaciones aún no están listas para soportar su propio peso, y mucho menos para resistirlo en un movimiento de rebote.

DAR LAS MANOS PARA ANDAR (CUANDO AÚN NO SABE HACERLO)

Cuando agarramos de las manos a un bebé y le hacemos andar, no estamos respetando su desarrollo motor. Porque a pesar de no utilizar un aparato que interfiera, tomarlo de las manos o sostenerlo por las axilas para ayudarlo a avanzar es igual de perjudicial que cualquier tipo de aparato, como correas o arneses (y no solo porque puedan hacerse daño en los hombros).

En primer lugar, cuando un bebé se pone de pie por sí mismo y avanza tiene un centro de gravedad diferente a cuando un adulto lo sujeta; en este último caso, es el adulto el que asume la función del equilibrio del niño realizando las compensaciones oportunas. Cuando a esta práctica se le suma que el bebé ya alcanza por sí mismo la postura y lo intenta de manera autónoma, este tiene que jugar con dos sensaciones muy diferentes. Si su centro de gravedad se ubica en un lugar, tiene en cuenta sus apoyos, su tono, su postura y su equilibrio y, sin embargo, si de repente un adulto asume el control, todo lo anterior se desmorona y cuando vuelven a soltarlo tiene que volverse a reconstruir. ¡Con lo sencillo que sería dejarlo tranquilo!

Además, como ocurría con el uso de tacatás, el apoyo de los pies cuando se le toma de las manos y se le hace andar no es el mismo que cuando lo hace por sí mismo, favoreciendo apoyos que no son adecuados. Si tenemos en cuenta la importancia de la «marcha lateral», nos damos cuenta de

nuevo de que cuando un adulto hace andar a un bebé, la omite porque lo hace avanzar hacia adelante, interfiriendo en el correcto desarrollo de la articulación de la cadera.

Estas ideas también hay que tenerlas en cuenta cuando ofrecemos al bebé un andador de arrastre (ese que empuja el bebé antes de haber logrado la marcha autónoma).

Los adultos no somos conscientes de que prácticas que tenemos muy normalizadas o que creemos que «les ayudan» en verdad no lo hacen (a veces, incluso, dificultan el maravilloso camino que el bebé está preparado para recorrer). Ningún aparato enseña al bebé a sentarse, a ponerse de pie o a andar; el único que puede descubrir todo ello es el propio niño.

Algo que se nos olvida es que el bebé no solo tiene que aprender a llegar hasta una postura, sino también aprender

a abandonarla y, para ello, ha tenido que alcanzarla por sí mismo, no haberle sido impuesta. El bebé se mueve, y mucho, pero hay que saber mirar y esperar, si no nos puede parecer que «no hace nada» y podemos querer «ayudarle» o realizar interpretaciones erróneas de sus verdaderas necesidades (como cuando alegamos que es él el que «pide» determinada postura que no es capaz de alcanzar por sí mismo). El bebé no sabe que existen las posturas a las que no llega, así que, para conocerlas y «pedirlas» algún día, a algún adulto se le ocurrió que el niño las necesitaba y lo colocó de esa forma. ¿Por qué? Porque el adulto lo decidió y creyó conveniente. El bebé no puede pedir «sentarse», «estar de pie» o «andar» si no es el adulto el que habitualmente le sienta, lo coloca de esa forma o le hace avanzar. ¡Y ojo! El bebé tiene un reflejo que se llama «de marcha» que, al colocarlo de pie, parece «como si» anduviera, pero eso no es que «necesite que lo pongan a andar», sino un reflejo presente en todos los bebés. Por otro lado, si no hay ninguna dificultad, todos los bebés «tienen fuerza en las piernas» cuando se les sostiene de pie, aunque eso tampoco significa que haya que colocarlos en esa postura.

Existen también ocasiones en las que se utiliza este tipo de aparatos por comodidad del adulto, para que este «tenga tiempo» de hacer otras cosas. Sin embargo, sabemos que no favorecen en absoluto al bebé y tenemos que ser conscientes de que no son una necesidad suya, sino nuestra. Además, aunque a simple vista este tipo de aparatos puedan parecernos seguros, realmente no lo son. Creemos que de esa forma podremos realizar otras actividades mientras el niño «se entretiene» sin que se pueda hacer daño, pero su uso solo resta oportunidades reales de movimiento y de desarrollo de la prudencia; todos los bebés se golpean alguna vez, pero cuando siguen un desarrollo motor libre y autónomo son pequeños impactos sin importancia que les permiten tener más cuidado la próxima vez. En cambio, no se puede decir lo mismo de los golpes a los que se expone un bebé que maneja este tipo de aparatos porque algún día deja de utilizarlos, pero el camino que ha recorrido no ha sido el mismo que el que ha tenido la oportunidad de moverse.

Podemos pensar que no hay que ser extremistas y que «un poco no hace daño». Sin embargo, ya hemos visto que entender el desarrollo motor libre es un cambio de mirada, una forma de entender al niño y su desarrollo, su capacidad, su potencialidad; también hemos visto cómo evoluciona el movimiento del niño y cómo este tipo de aparatos solo lo interfieren, aunque sea por poco rato; también que el desarrollo motor iba de la mano con el cerebral (y que ambos debían de ir pasito a pasito).

De hecho, el tiempo de los bebés es muy diferente al nuestro y lo que para nosotros es «un ratito» para ellos realmente puede ser mucho. En las observaciones realizadas en el instituto Lóczy los bebés cambiaban de postura una media de dos veces por minuto, así que es totalmente imposible ir cambiando al bebé de aparato en aparato y de postura en postura cada medio minuto para poder «respetar» el tiempo que permanecen en una misma postura. Así que lo que el adulto considera «un poco» sí que hace daño.

UNA HISTORIA QUE SE REPITE
HABITUALMENTE

Si no tenemos en cuenta cómo es el desarrollo motor y hacemos «lo que siempre se ha hecho» es muy fácil intervenir sin darnos cuenta y utilizar una hamaca desde el inicio que el fabricante nos asegura que puede usarse desde recién nacido; y, cuando llora en esta o en el capazo del carro, podemos interpretar que «quiere ver» en vez de entender que lo que quiere y necesita es estar en nuestros brazos y comenzar a usar la silla o el huevito. Ante la imposibilidad de movimiento por estar atado, es fácil que el bebé comience a moverse hacia adelante o a intentar levantarse, y lo interpretemos como que «se quiere sentar» y empecemos a levantar cada vez más la hamaquita y el carro, favoreciendo que se siente de forma prematura. Al no haber experimentado en el suelo, es posible que si lo intentamos colocar tumbado, llore y que comencemos a colocarlo en el suelo, pero sentado, posición en la que se siente seguro ya que es similar a la que ha estado viviendo en la hamaca y el carro, que lo mantenía inmovilizado. Pero como no se sostiene, es fácil que comencemos a colocarle un cojín de lactancia por detrás de su espalda o usemos sus manitas como apoyo... y es fácil también que el bebé se frustre y llore al no poder salir de esa posición, al depender de los juguetes que le colocamos en las manos y no de lo que él mismo desea alcanzar, ya que es muy difícil que abandone una postura a la que no ha llegado por sí mismo. Es fácil que nuestro bebé tenga ya nueve o diez meses y nos empecemos a «preocupar» porque veamos que no hay muestras de que vaya a gatear, pero también es fácil que nuestro entorno nos cuente que «hay muchos niños que no gatean», como si el gateo fuera algo que aparece de repente en vez de formar parte del desarrollo motor libre y autónomo. Es posible que intentemos colocar al bebé en el suelo y que este, al estar en un entorno desconocido, lo pase mal; puede también que el deseo del bebé pueda con todo y comience a desplazarse culeando (desplazamiento que también normalizaremos); quizá desistamos y comencemos a enseñarle el siguiente hito y a ponerlo de pie, primero sutilmente sobre nuestras piernas cuando estamos sentados, pronto en el suelo y enseguida le hagamos andar. Como el bebé recibe nuestra atención cuando le hacemos andar, es fácil que «le guste» y «lo pida», pero lo que realmente «pide» es esa atención y alegría que siente de su figura de referencia. Como vemos al bebé feliz andando, es fácil que comencemos a utilizar un tacatá en casa; así podemos «hacer cosas» nosotros mientras él «se entretiene» y, además, «descansar» nuestra espalda, pero pronto el aparato deja de ser novedad y cansa y es fácil que tengamos que ir combinando con otros aparatos como saltadores... El bebé logrará andar porque los humanos andamos sobre dos piernas hagamos lo que hagamos, pero las experiencias de su primer año de vida, en todos los niveles, no habrán sido las mismas que si se hubiera respetado su desarrollo.

«PASÓ DIRECTAMENTE A ANDAR»

Oigo esta frase muchas veces y espero que, llegados a este punto, nos hayamos dado cuenta de que es importante ofrecer tiempo, espacio y acompañamiento al bebé. Y que este, si dispone de estos elementos, se le respeta y no se interfiere en su desarrollo, se moverá y descubrirá por sí mismo las posturas, los apoyos, el tono adecuado y los desplazamientos hasta comenzar a caminar (no es posible que un bebé pase más de doce meses inmóvil y que de repente un día comience a andar, si no es por la interferencia del adulto).

«No le gustaba nada estar en el suelo»

Cuando un bebé no disfruta de las experiencias en el suelo hay que valorar varios aspectos; el primero —y más importante— es nuestro acompañamiento. Ya hemos visto que la verdadera autonomía y el deseo de explorar el entorno, de descubrir, proviene de un vínculo seguro con la figura primaria. ¿Dónde nos colocamos nosotros cuando el bebé está en el suelo? ¿Nos siente cerca? ¿Se siente seguro? ¿Estamos emocionalmente presentes? ¿Necesita contacto? ¿Son satisfactorias las situaciones de cuidado como cuando le cambiamos el pañal, lo bañamos o le ofrecemos la comida? ¿Atendemos sus necesidades? Si el bebé se siente seguro, querido y cuidado, disfruta del descubrimiento de nuevas experiencias por sí mismo. También hay que observar si el espacio es el adecuado, si el bebé dispone de tiempo y oportunidades para estar en el suelo, si sabemos leer sus señales cuando ya no quiere estar en él, cuando quiere regresar a una posición segura... y no colocarlo en posturas a las que no llega por sí mismo.

«¿Y si ya he intervenido?»

Puede ser que, tras leer acerca del desarrollo motor, te hayas dado cuenta de que, sin pretenderlo, ya hayas intervenido más de la cuenta. ¿Es tarde? Cuando hemos tomado parte y el bebé se ha saltado etapas, necesitaremos tener paciencia. No es sencillo, pero es posible. Siempre desde nuestro acompañamiento y nuestra presencia podemos ir favoreciendo momentos breves de estar en posturas iniciales que sí le favorecen (comenzando desde la postura de boca arriba). Esto no consiste en hacerlo llorar ni en que se sienta mal, ni mucho menos, sino en que desde nuestra presencia vaya descubriendo las posibilidades que le ofrece su cuerpo. En la medida que vaya conociendo nuevas posturas, apoyos y desplazamientos y todo lo que ello le permite, podrá ir abandonando las posturas que le han sido impuestas.

REPERCUSIONES A LARGO PLAZO

Al igual que cuando hablamos sobre el vínculo y los estilos de crianza, respetar o no el desarrollo motor puede tener repercusiones a largo plazo. Esto no significa que por no haber vivido la fase del suelo un niño vaya a tener problemas o dificultades escolares.

Es habitual cuando se habla de las repercusiones a largo plazo del desarrollo motor que aparezca la disonancia cognitiva: «pues yo usé tacatá/no gateé y... tengo una carrera, no soy torpe, juego al fútbol...». No es que respetar el desarrollo motor sea «milagroso» y que el que no lo haya hecho tenga dificultades; simplemente, respetar el desarrollo motor es parte del proceso natural y lo que favorece el desarrollo posterior, por eso es importante tenerlo en cuenta y hacer lo que esté en nuestra mano. Lo que sí es cierto es que la vivencia corporal en las primeras etapas favorece la secuencia de aprendizaje natural. De este modo es como el niño pequeño descubre el entorno; su cuerpo es con lo que mide y conoce el tamaño de las cosas; moviéndose, construye su esquema y límites corporales, que años más tarde se relacionan con los del papel (cuando un niño «se sale» de la ficha es porque necesita vivenciar con su cuerpo, moverse y no hacer más fichas). En definitiva, usando su cuerpo construye unas coordenadas espaciales internas que años más tarde necesitará para orientarse en el espacio y en el tiempo, para crear historias, para resumir, para organizar ideas... Ejemplos más específicos de ello son el movimiento contralateral (aquel que aparece en el reptado y el gateo), que favorece la maduración de las vías cruzadas y el uso coordinado de los dos hemisferios. Este uso se utilizará años más adelante para crear imágenes mentales de lo que se está leyendo y para comprender lo que se lee, para resolver problemas matemáticos, etc. Otro ejemplo es la pinza fina —la que permite agarrar el lápiz sin una tensión excesiva y sin cansancio, que aparece de forma natural cuando el bebé comienza a gatear y a sentarse por sí mismo—, un movimiento que, al ser próximo-distal, proviene del hombro y de los grandes movimientos del brazo. Así que si un niño «coge mal el lápiz» no necesitará adaptadores, que le forcemos a cogerlo como nosotros creemos adecuado o hacer todavía más fichas o actividades de pinza con los dedos, sino que necesitará jugar, vivenciar, moverse...

El niño aprende jugando

Jugar es un derecho de la infancia. El niño juega y ha jugado en todas las épocas, culturas y contextos. Solamente en situaciones muy desfavorecidas y concretas el niño deja de jugar, como ocurría en los orfanatos del siglo XX de los que os hablé en el primer capítulo.

Todos aceptamos que el niño aprende jugando. ¿Recordáis cómo se desarrollaba la inteligencia en los seis primeros años? ¿Y que los estadios inferiores siempre estaban presentes aunque alcanzáramos los superiores? Y es que muchos de los aprendizajes de los primeros años se adquieren de forma natural jugando. En nuestra cultura utilizamos la palabra «juego» para muchas cosas, y no solo para el juego que favorece el desarrollo natural. El niño aprende con el juego cuando este es libre porque parte de dentro de la persona, igual que cuando hablábamos de movimiento, de

189

desarrollo de la inteligencia o de aprendizaje. El que lo pone en marcha es el propio niño, nadie lo puede imponer desde fuera... porque el juego parte del deseo. En cambio, el entretenimiento viene desde fuera. Cuando un niño está frente a un televisor o un bebé frente a un juguete de luces y pilas que funciona solo, puede estar entretenido y se puede estar divirtiendo, pero no está jugando.

El juego libre —como su propio nombre indica— es el elegido por el niño; ningún adulto es el que insinúa o le dice al pequeño a qué tiene que jugar. Cuando se programa en un aula a qué deben jugar los niños en un momento determinado («hoy toca construcciones» o se «juega por rincones») y es el adulto el que establece el juego, en qué orden, durante cuánto tiempo, en qué lugar y con quién no se está favoreciendo el juego libre que permite el desarrollo natural del niño (básicamente porque es imposible —o al menos muy difícil— que haya una implicación emocional en algo que es impuesto).

En el juego no hay objetivos extrínsecos, ya que cuando el niño se pone a jugar no ha planificado cómo acabará; no ha pensado por qué lo hace o si favorece una destreza u otra. En el momento que el juego tiene objetivos, una forma correcta o incorrecta de realizarse o se dirige desde fuera ya no es un juego, es una actividad. Es importante distinguir este matiz para no creer que lo que proponemos al niño muchas veces en el aula es jugar.

El niño juega por jugar, sin buscar un objetivo, por el propio placer que le genera hacerlo. Y fijaos si es lista la naturaleza, que esa es la forma que tienen de aprender los pequeños; en cambio, los adultos se lo ponemos muy difícil intentando interferir sus momentos de juego con actividades y fichas, creyendo que lo que nosotros le proponemos es mucho más importante para su desarrollo y aprendizaje. ¿Cuántas veces se «enseña» a jugar al niño, se le sugiere o se le dirige con frases como «por qué no pones esto aquí», «si pones la base más amplia no se caerá la torre», «¿me haces un café?» o «dame el plátano»?

Porque el niño, simplemente jugando, consigue de manera natural:

- Descubrir su cuerpo.
- Detectar el funcionamiento y las características de los objetos.
- Ensayar, repetir, equivocarse, replantearse situaciones y solucionar problemas, además de adaptarse a circunstancias cambiantes.
- Aprender leyes de la física.
- Desarrollar el pensamiento matemático.
- Fomentar la creatividad.
- Vivenciar aprendizajes.
- Relacionarse con los demás.
- Expresar e integrar vivencias concretas, sentimientos y preocupaciones.

Para poder «jugar», el niño ha de tener la oportunidad de hacerlo y para ello necesita espacio, tiempo, materiales y otras personas.

EL ESPACIO PARA JUGAR

Para mí, el lugar ideal para jugar es el exterior; hay espacio suficiente, desniveles y elementos que favorecen el movimiento, la naturaleza fomenta el desarrollo sensorial (es fácil que esta y sus elementos se transformen para formar parte del juego, etc.). Sin embargo, los niños cada vez permanecen menos tiempo en el exterior y más en el interior. Entre que el campo está alejado de las ciudades, los parques se cubren de caucho, los patios de las escuelas están hechos de cemento y las «malas hierbas» se sustituyen por jardineras con flores y césped artificial, en la ciudad cada vez contamos con menos espacio para el juego libre. Las calles están repletas de coches y no es seguro jugar en ellas, y los escasos parques son cada vez más pequeños y cuentan con varios elementos destinados para el juego que, debido a la gran cantidad de niños que quieren utilizarlos, acaban convirtiéndose en elementos de juego dirigido. El tobogán solo tiene una forma correcta de utilizarlo mientras se hace cola, esperando el turno, y el columpio solo se usa para columpiarse de la «forma correcta»... Esto hace que los parques acaben convirtiéndose en escenarios pobres de juego, con poco espacio para la transformación y la creación. Las casas también son cada vez más pequeñas —por lo que el niño tiene menos espacio para jugar como necesita—, y en las aulas de las escuelas el juego no adquiere el papel protagonista, sino que es de las mesas y las sillas destinadas a «trabajar». En los patios de las escuelas, repletos de cemento, también son los juegos dirigidos los que toman el papel protagonista. Por suerte, contamos con la sala de psicomotricidad vivenciada, que cada vez está más presente en las escuelas, y más aún si estas cuentan con la figura de un psicomotricista, quien le ofrece al niño un espacio adecuado y libre de juicios para poder jugar.

EL TIEMPO DE JUEGO

Sabemos que el niño aprende jugando, pero ¿tiene tiempo para hacerlo? ¿Cuántas horas se pasa en el colegio? ¿Y cuántos de los peques van después a las actividades extraescolares (en las que, por cierto, tampoco se juega libremente)? ¿Cuántos tienen que hacer deberes al llegar a casa y no disponen de tiempo real para jugar? Teniendo en cuenta las características del juego que favorecen el desarrollo natural (que debe ser libre, elegido por el niño, sin objetivos externos, activo, con implicación emocional...), nos damos cuenta de que lo que se hace en las aulas no es jugar.

Pese a pasar gran parte de su tiempo allí, los niños habitualmente no juegan en el cole y, desgraciadamente, tampoco en algunas escuelas infantiles; lo que hacen son «actividades». Puede ser que las «actividades» que se les ofrezcan (o impongan) sean más o menos divertidas, amenas, manipulativas, entretenidas, pero lo que generalmente se hace en las aulas no es el tipo de juego que desarrolla la inteligencia en los primeros años (lo que es bastante incoherente). No se logrará ese desarrollo a través de clases magistrales, asambleas, fichas, libros, canciones o estimulaciones, sino a través del movimiento, la manipulación de objetos, el juego y el dibujo.

Entonces, ¿por qué no se dedica la gran parte del tiempo de los pequeños a jugar? ¿Por qué dedicamos al juego libre solo el rato que sobra (si es que sobra)? ¿Por qué anteponemos en el aula cien cosas más antes que jugar? ¿Por qué creemos que es más importante la asamblea y hablar sobre el tiempo que hace hoy? ¿Por qué damos más importancia a acabar el cuadernillo de las fichas? Si nos agachamos a su altura y los miramos, nos damos cuenta de que jugar es claramente lo que necesitan.

Los otros

En primer lugar, un niño necesita de nuestra presencia y un vínculo seguro con el adulto, que como ya hemos visto es lo que le ofrece la seguridad necesaria para poder explorar, jugar y aprender. Pero no será hasta alrededor de los tres años cuando el niño comenzará a buscar compañeros de juego y a jugar con otros niños. Pasados los seis años —y con el cambio de estadio del desarrollo cognitivo—, el juego se volverá realmente una actividad social para ellos, y será cuando aparecerán los juegos de reglas y con reparto de roles.

El juego evoluciona

El juego evoluciona con el desarrollo del niño (de hecho, está muy unido al desarrollo de la inteligencia) y cada vez se vuelve más complejo. De igual forma que cuando hablábamos del movimiento o del desarrollo cognitivo, en el juego todos los niños también pasan —a grandes rasgos— por las mismas etapas y en el mismo orden (aunque cada uno, a un ritmo diferente, al suyo propio). Igual que en las otras ocasiones, las edades deben servirnos a modo orientativo, y no tanto para etiquetar sino para tomar conciencia de lo que es esperable —o no— a una determinada edad. En este sentido, nuestras expectativas deben ser realistas en cuanto al desarrollo del niño.

Etapa sensoriomotora (desde el nacimiento hasta los 2 años)

El primer juguete del niño es el adulto (su figura de referencia), con quien comparte miradas, vocalizaciones, pausas, y

194

establece turnos. El bebé, al inicio, también juega con su propio cuerpo: se lleva las manos a la boca, las observa ante sus ojos, comienza a controlar su cuerpo a voluntad... Después, empieza a centrarse en los objetos (los sigue con la mirada, los coge, se los lleva a la boca y los explora con todos sus sentidos). Esta exploración debe nacer de su deseo, por lo que no es adecuado ponerle objetos en la mano.

Si el bebé se encuentra en esta etapa sensoriomotora en la que el desarrollo de sus sentidos goza de un peso importante, no tiene mucho sentido que solo le ofrezcamos juguetes de plástico. Es cierto que el plástico es barato, apenas pesa y se limpia fácil, pero resulta muy pobre sensorialmente y, por muchos juguetes que tenga diferentes, si todos son de plástico, le acabarán ofreciendo las mismas experiencias. El bebé, en esta etapa, necesita estar en contacto con objetos cotidianos y elementos de distintos materiales (no solo juguetes comerciales), que le aporten información sensorial diversa: que huelan y sepan diferente al chuparlos, que tengan diferente peso, temperatura y textura, que suenen diferente al ser agitados o lanzados... El bebé necesita explorar los objetos, manipularlos, practicar con ellos y repetir las acciones. En esta etapa el movimiento continúa descubriendo las posibilidades del cuerpo (los diferentes apoyos, posturas, desplazamientos, el equilibrio y el desequilibrio...) y es un juego en sí mismo para él.

Después del año, y de diferenciar entre el continente y el contenido, gracias a las reacciones circulares terciarias deja de explorar los objetos de forma individual para comenzar a combinarlos y buscar variaciones. Por eso comienza a guardar cosas dentro de otras, a llenar y vaciar, a reunir y separar, a lanzar, destruir lo que el adulto ha construido, manipular y coleccionar objetos, agrupándolos. Esto significa que, a través del juego libre y de la simple manipulación, el pequeño examina los objetos, los compara, abstrae ciertas características y descarta otras. ¿Acaso no es el inicio del desarrollo matemático? ¿Acaso con la exploración y búsqueda de variaciones en su uso no está probando leyes de la física? Además, también juega a envolverse, esconderse y ser encontrado y perseguido; estos juegos favorecen su progresiva autonomía y son importantes a nivel emocional, ya que trabajan el vínculo con el adulto.

Hacia el final de esta etapa aparece el juego funcional, que es cuando el niño utiliza el objeto representando su uso real: una taza de juguete se usa para hacer que bebe y una cuchara para llevársela a la boca, y un muñeco para abrazarlo y pasearlo en el carrito, es decir, no transforma los objetos en otros diferentes, sino que imita lo que ve a su alrededor. También durante toda esta etapa el juego tendrá lugar en paralelo; es decir, el pequeño no necesita a otros niños, «amiguitos» con los que jugar; lo que necesita es tener cerca a una figura de referencia y, en todo caso, interactuar con ella (ya que es la que le ofrece seguridad y puede ajustarse a sus necesidades). Si nos fijamos, a esta edad, cuando varios niños pequeños comparten el mismo espacio, cada uno está centrado en su propio juego. El paso hacia la socialización (hacia querer jugar con los otros) no es brusco ni sucede de un día para el otro, sino que comienza utilizando un juguete como mediador, es decir, ese momento cuando parece que solo le interesan los juguetes de los demás. A partir del año aproximadamente y durante un tiempo relativamente largo, los juguetes cobran muchísimo más interés cuando los coge otro niño, pero lo que le interesa no es el juguete en sí, sino «el otro». El objeto y el juego son su forma de empezar a encontrarse con los niños, de relacionarse y, de hecho, cuando finalmente consigue el objeto que estaba utilizando el otro niño decae el interés por el juguete y el pequeño no juega con él.

Etapa preoperacional (de los 2 hasta los 6 años)

El juego evoluciona con el desarrollo del niño y, sobre los dos años, cuando el niño inicia la etapa preoperacional, es capaz de simbolizar, lo que significa que su juego también evoluciona. Ya vimos cuando os hablé sobre el desarrollo cognitivo que el niño utilizaba el juego simbólico para desarrollar su inteligencia y que simplemente jugando usaba el resto de adquisiciones de este nuevo estadio (como la imitación diferida, las imágenes mentales o el lenguaje). El juego simbólico es el que permite al niño transformar los objetos y la realidad, en el que cualquier cosa puede serlo todo (y no simplemente una representación de la realidad). En este sentido, no se trata tan solo de imitar que ellos son médicos vistiendo una bata o jugar a cocinar utilizando el menaje de plástico y los alimentos realistas que venden en la juguetería; en el juego simbólico cualquier cosa puede serlo todo, ya que el niño transforma mentalmente un palo en una cuchara o una piedra en un fonendoscopio, se ata una bata imaginaria y, lo más importante, se implica emocionalmente, se involucra en su juego y lo vive y lo realiza por el simple placer que le produce realizarlo. A través de este juego, el niño vivencia, descubre, prueba, imagina, crea..., a través del juego aprende.

Además, gracias a la imitación diferida (a representar escenas que ha vivido o visto en el pasado) y a las imágenes mentales (a su capacidad de imaginar algo que no está viviendo) el niño juega sin tomar consciencia de ello, expresa sus sentimientos, sus vivencias, sus intereses, sus preocupaciones y miedos, representándolos y transformándolos. De este modo, les da sentido, los procesa y los comprende.

A partir de los tres años aproximadamente el juego comienza a ser más social; el niño deja de utilizar el objeto

197

como mediador, y de querer usar los juguetes de los demás, para jugar con ellos. En esta etapa aparecen también los «juegos de lucha», que es cuando dos o más niños hacen «como si» se pelearan, se tiran unos sobre otros, se empujan... Pero su gesto es de disfrute, no están peleando; es una etapa natural y sana del juego, aunque hay que procurar que no se alimente su imaginario con imágenes violentas que el niño ve en la televisión porque, en este caso, no representará sus necesidades, sino vivencias ajenas artificiales, las cuales todavía no es capaz de diferenciar si son realidad o fantasía.

OPERACIONES CONCRETAS (A PARTIR DE LOS 6 AÑOS)

El ser humano juega durante toda la vida, pero el juego se va ajustando a las necesidades del desarrollo a partir de los seis años aproximadamente, cuando el niño accede al estadio de las operaciones concretas y comienza a establecer reglas de forma natural y a repartir roles. Lo hace porque su maduración cognitiva y la superación del egocentrismo intelectual que caracterizaban las etapas anteriores le permiten ahora ponerse en el punto de vista de la otra persona, negociar o tener un pensamiento reversible.

Cuando intentamos introducir juegos de reglas de forma externa o con reparto de roles antes de que se encuentren en esta etapa, estos suelen fracasar. Aunque los adultos, con mucha paciencia, intentemos realizar juegos dirigidos con los pequeños, ellos se frustran porque no son capaces de ponerse en el punto de vista del otro, no entienden lo que es la competitividad, ganar o perder, la espera de turno, el respeto a las reglas externas y no disfrutan ni se implican emocionalmente. De nuevo, hay que tener en cuenta que este tipo de prácticas no son catalogadas como jugar, ya que se convierten en una actividad (para la que, de hecho, todavía no están preparados). En cambio, como hemos visto, cuando favorecemos el desarrollo natural y sabemos esperar, son ellos mismos los que inventan las reglas, las negocian y llegan a acuerdos con los otros.

LOS MATERIALES PARA EL JUEGO

A la hora de hablar de juego prestamos atención a qué tipo de juguetes necesitan y, aunque más adelante dedicaremos un espacio al respecto, al niño no le hacen falta grandes elementos ni que estos sean muy sofisticados para jugar. De hecho, ni siquiera suele necesitar juguetes, pero sí que tenemos que poner a su disposición objetos y materiales que se ajusten a sus necesidades y le permitan desarrollarse.

Si el juego es tan importante para el desarrollo del niño, si la inteligencia se desarrolla jugando, habrá que ofrecer objetos que favorezcan su evolución y que tengan en cuenta en qué momento se encuentra el niño y qué necesita. En este sentido, tendremos que tomar una actitud crítica hacia los juguetes porque no todo vale (sobre todo en las primeras etapas, cuando está descubriendo las características de los objetos y recibiendo las primeras experiencias a través de sus sentidos).

Me gustaría reflexionar brevemente sobre la calidad del juguete de las aulas de infantil; hoy en día sabemos lo importante que es el juego y, en cambio, en muchos colegios no se destina presupuesto para materiales de juego. ¡Y eso que debería ser la actividad principal del día a día! Con un concepto poco acertado de lo que es realmente jugar, aceptan juguetes que las familias desechan de sus casas porque ya no valen o están rotos, o porque ya no se ajustan al momento evolutivo de sus pequeños y así, de este modo, algunas aulas —que de por sí ya dedican poco tiempo y espacio al juego— emplean material que favorece poco el desarrollo.

Si tenemos en cuenta todo lo que hemos aprendido sobre el desarrollo del niño, podemos darnos cuenta de que el niño no necesita juguetes sofisticados para jugar; de hecho, es más interesante ofrecer materiales abiertos. ¿Con esto qué quiero decir? Un juguete cerrado es aquel que juega por el niño; si nos imaginamos un camión de bomberos de plástico, con luces y pilas, que se mueve y suena solo, ¿qué es lo que puede hacer el niño con él, aparte de mirar? Además, es posible que ni siquiera haya visto nunca un camión de bomberos real y no le evoque ninguna vivencia, por lo que, al final, el juego se vuelve totalmente pasivo y el niño, un mero observador.

¿Pero qué ocurre si el niño no tiene camión de bomberos de juguete y de camino a la escuela ve a los bomberos trabajando? Pues que el niño transformará cualquier objeto —por ejemplo, una pieza de construcción de madera— en un camión, y con él evocará lo que ha visto y lo reproducirá: su voz hará de sirena, su cuerpo se moverá por el espacio mientras desplaza el camión con su mano, se imaginará las luces y la manguera, se implicará emocionalmente y será el protagonista de su historia.

LOS MATERIALES ABIERTOS

Los materiales abiertos, esos que en realidad no son nada —anillas, palos, piedras, cuencos, botes, telas—, se ajustan a las necesidades de cada niño y se van transformando, a la par que evoluciona el juego en complejidad. Por ejemplo, un tronquito le servirá al bebé de estímulo para llegar hasta él y explorarlo sensorialmente (lo cogerá, lo tocará, lo olerá, lo chupará, lo dejará caer...) y, a través de esas experiencias descubrirá que sabe, huele, suena y que tiene un peso y una textura diferentes a cuando coge la flanera de metal o el trapo de tela; al niño un poco más mayor, que ya anda, ese mismo tronco le servirá para transportarlo de lado a lado en sus manos, para meterlo dentro de un cubo y verlo caer al volcarlo, para lanzarlo de diferentes maneras, para observar cómo cae o para intentar introducirlo dentro de una anilla, gracias a lo cual estará haciendo uso de las reacciones circulares terciarias. En cambio, al niño de más de dos años el tronquito le servirá de vagón de tren, de salchicha para comer, de peine, de cuchara o de teléfono; y al de seis, por ejemplo, para ordenarlo por tamaño ascendente comparándolo con el resto de troncos que encuentre disponibles. El juguete abierto no tiene límite de juego ni de edad, porque «cuantas menos cosas haga un juguete, más cosas hará la mente del niño».

Por todo esto, es importante atender al material con el que está fabricado el juguete y ofrecerle al niño objetos de diferentes materiales (preferiblemente naturales). Tanto si optamos por juguetes comerciales como por objetos reales o elementos naturales, tenemos que observar que sean seguros y que se ajusten a las necesidades evolutivas del niño (por ejemplo, si el bebé explora los objetos llevándoselos a la boca, hay que descartar elementos pequeños, tóxicos o que desprendan piezas). Cuando elijamos estos materiales, siempre tendremos que tener en cuenta qué necesidades tiene el niño en concreto al que se lo ofrecemos, en qué momento evolutivo se encuentra, qué posibilidades permiten en concreto y por qué le ofrecemos ese objeto y no otro.

Los juguetes comerciales tienden a ser bastante pobres en lo que a posibilidades de juego se refiere (y más todavía cuanto más pequeño es el público al que se dirigen). Seguro que habéis paseado por el pasillo de alguna juguetería o de unos grandes almacenes. La gran mayoría de juguetes disponibles son de plástico (un material que poco aporta sensorialmente a un bebé) y favorecen juegos pasivos y cerrados (el niño se convierte en un observador cuya única función es presionar un botón).

Cuando un bebé explora un objeto ya hemos visto que necesita llevárselo a la boca, agitarlo, golpearlo, lanzarlo... ¡es parte del aprendizaje! En cambio, la mayoría de objetos están pensados para permanecer estáticos, para que no se puedan manipular (son grandes, pesados, rompibles, algunos incluso tienen ventosas incorporadas para que permanezcan estáticos sin poderse mover de la superficie donde se colocan), y otros son tan voluminosos —como las «mesas de aprendizaje»— que el niño no puede explorar realmente. Y por supuesto, todos esos juegos son «educativos» y siempre tienen una finalidad de fondo: que aprenda los colores, ¿alguna vez os habéis preguntado a qué edad es esperable que los reconozcan? Por supuesto no es antes del año, ni de los dos... pero los juguetes destinados para bebés repiten como loros: que aprendan los números, construcción que debe realizar el propio niño y que se comprende realmente al finalizar el periodo preoperatorio; las formas, los nombres de animales... Lo que sea con tal de que parezca que el niño aprende algo y que no pierde el tiempo, incluso que la inversión ha merecido la pena.

Sin embargo, ya hemos visto que el bebé no aprende así. Lo mismo podríamos decir de los juguetes supuestamente «educativos» destinados a niños más mayores, los cuales tienen una finalidad, una forma correcta de realizarlos y unas reglas. En realidad, se trata de actividades disfrazadas de juguete, algo que aporta mucho menos al niño que jugar libremente.

JUGUETES PARLANTES Y DESARROLLO DEL LENGUAJE

Dentro de los juguetes llamados «educativos» encontramos juguetes parlantes, que supuestamente favorecen el lenguaje e incluso enseñan idiomas, pero lo cierto es que los humanos adquirimos este en interacción con otros humanos y no mediante grabaciones.

El psicólogo norteamericano Kenneth Kaye demostró en los años ochenta que el bebé, antes de los dos meses, es capaz de realizar pausas en la succión; en estas pausas, mientras toma el pecho, mira a su madre y cuando esta le responde con una mirada, una sonrisa o unas palabras, él continúa mamando. Estas pausas con respuesta son los primeros turnos de palabra entre el niño y los demás.

La sonrisa social aparece antes que las palabras y que los juegos típicos como el «cucú-tras», que establecen también turnos. Hasta los diez meses, el bebé es capaz de reconocer los contrastes de la lengua, es decir, si lo que oye es su idioma materno o pertenece a otro. El lenguaje, por lo tanto, se desarrolla en contacto con otras personas que le hablan, le miran, le sonríen, se adaptan a sus necesidades, respetan los turnos de interacción...Este maravilloso diálogo no lo puede sustituir ningún juguete ni ningún programa de televisión por mucho que se anuncie como educativo o que desarrolle el lenguaje, ya que lo importante no es solo la voz, sino todo lo que le rodea.

No podía terminar el apartado sobre el juego sin hablar sobre psicomotricidad. La sala de psicomotricidad es un lugar privilegiado para el movimiento, el juego, la vivencia, las emociones y la interrelación. Esta nació en los años setenta en Francia de la mano de los franceses Lapierre y Aucouturier.

Para la «psicomotricidad vivenciada», el niño pequeño hasta los siete u ocho años es concebido como una globalidad, es decir, no hay unas áreas más importantes que otras. Los aspectos motrices, los cognitivos y los socioafectivos son igual de importantes y, además, todos ellos se desarrollan conjuntamente y se expresan a través del movimiento. De ahí la importancia de las sesiones de psicomotricidad, que consisten en ofrecer al niño un espacio —la sala de psicomotricidad—, además de un tiempo y unos objetos, para poder jugar libremente y para la actividad espontánea.

En la sala de psicomotricidad se respeta la individualidad de cada niño, su ritmo y sus necesidades. Cada niño hace lo que necesita en cada momento, movido por su deseo, construyendo sus propios caminos de aprendizaje. Cuando hablábamos de espacio de juego os decía que para mí el lugar ideal es el exterior porque favorece el movimiento, el juego libre y la exploración, pero lo cierto es que no permite ciertas acciones que sí que son posibles en la sala de psicomotricidad (véase figura 8).

En primer lugar, por sus características y materiales, la sala permite vivir todas las posibilidades del cuerpo en movimiento de forma positiva y placentera, hasta liberar y agotar el placer sensoriomotor del pequeño. El espacio en sí es seguro, sin riesgo vital, sin que un adulto tenga que prevenir de un posible accidente, interrumpiendo la actividad del niño. Además, en el juego, los módulos de gomaespuma permiten experimentar con el cuerpo y crear aprendizajes que no serían posibles de la misma forma con otro tipo de materiales del mismo tamaño; gracias a ellos, los niños crean grandes torres que se derrumban sin riesgo o cuando construyen casas y suben sobre ellas, algo que, además, les brindan la posibilidad de aprender del error.

En la sala, a diferencia de otros contextos que también favorecen el juego y el movimiento, se encuentra la figura del psicomotricista, que, con su formación específica, acompaña al niño sin juzgarle y le ayuda a evolucionar. El niño, por lo tanto, descubre que tiene un lugar donde ser él mismo, donde jugar sin sentirse juzgado, donde expresar y vivir todas las emociones, donde aprender a solucionar y a vivir los conflictos.

La sesión de psicomotricidad suele comenzar con mucho movimiento, en el que el niño buscará el placer sensoriomotor corriendo por la sala, saltando y subiéndose a los módulos. Progresivamente, y siempre en función de la edad, aparecerá el juego simbólico, que, por las características del lugar y del acompañamiento, suele tener un gran contenido emocional. Gracias al tipo de material disponible y a los módulos de gomaespuma, los niños pueden transformar el espacio según sus necesidades y crear su propio universo. Por último, se favorece un progresivo distanciamiento de lo vivido en la sala a través de la creación o de actividades cognitivas (véase figura 9).

¿PARA QUÉ SIRVE LA PSICOMOTRICIDAD RELACIONAL?

La finalidad de la psicomotricidad relacional es acompañar el desarrollo madurativo del niño a través del movimiento y el juego desde el nacimiento y los primeros años, donde el niño primero actúa, hasta la etapa escolar, donde el niño primero piensa.

En cuanto al desarrollo motor, la psicomotricidad relacional le permite moverse y tomar conciencia de las posibilidades y limitaciones del propio cuerpo, vivir el movimiento con placer y formarse una imagen corporal adecuada. Respecto al desarrollo cognitivo, aprende e interioriza las características del mundo y de los objetos a partir de las vivencias corporales y evoluciona hacia el pensamiento operatorio, favoreciendo la comunicación y la creación, desde el mundo de los objetos y el movimiento hasta al mundo del conocimiento y la cultura. De esta forma, accede a los aprendizajes escolares en su momento, y no antes.

En la psicomotricidad, además, no se parcela la educación ni se entienden las áreas o asignaturas, ya que el niño se desarrolla de forma global, permitiendo que cada uno cree sus propios mecanismos de aprendizaje. En lo que respecta al desarrollo socioafectivo, la psicomotricidad relacional favorece que el niño se sienta libre de ser él mismo, de reconocer su deseo, expresarlo y perseguirlo, y de vivir y expresar sus emociones. También promueve la relación y la comunicación, vivir los conflictos y aprender a solucionarlos desde el respeto.

Por lo tanto, la psicomotricidad relacional es mucho más que saltar en unas colchonetas o jugar libremente, ya que no se tiene en cuenta únicamente el movimiento del niño, ni es para niños que «se mueven poco» o que tienen dificultades; la psicomotricidad va más allá de la motricidad, tiene en cuenta las emociones, la relación, el desarrollo cognitivo y, además, favorece el desarrollo global del niño y respeta la individualidad, el deseo y las necesidades de cada uno. Cuando se realiza un circuito con los materiales de la sala que todos los niños deben recorrer —como ocurre en la psicomotricidad dirigida— y, por ejemplo, los pequeños deben atravesar un banco andando, después saltar dentro de unos aros, luego sortear unos conos y terminar haciendo una voltereta, no se tiene en cuenta que cada niño es único y tiene necesidades diferentes. Tampoco se consideran sus deseos, sino los del adulto, que se plantea unos objetivos iguales para todos los niños, centrándose únicamente en el movimiento y olvidando que el niño es una globalidad y que no se puede parcelar.

Para que el niño se pueda expresar libremente y pueda evolucionar hacia el pensamiento operatorio, hace falta la figura del psicomotricista, es decir, la persona que acompaña, que acepta a cada niño tal cual es, sin juicios, que respeta, que favorece un ambiente de seguridad, que crea las condiciones para que aparezca la expresividad motriz pero no impone nada, que observa los discursos de cada niño, los analiza, está a la escucha y les da respuesta, favoreciendo la evolución individualizada de cada niño y de sus dificultades a través de la tecnicidad.

5

Una escuela vivencial

Al inicio de este libro ya os hablé de la fina línea que separa la crianza y la educación, sobre todo en los primeros años. Ambas están muy unidas y la escuela no puede ignorar las necesidades del niño, que deben ser una prioridad. Para ello, es imprescindible conocerlas y saber darles respuesta. Pero lo que vamos a hablar aquí no se dirige exclusivamente a educadores que se dedican a la primera infancia, ya que los maestros de todos los niveles deberían conocer el origen de las necesidades infantiles, la importancia del vínculo y su repercusión a largo plazo. Solo sabiendo cómo es el desarrollo esperable del niño y no el ideal, la importancia del movimiento y del juego, se podrá acompañar desde una comprensión global, real y no parcelada de los simples aprendizajes escolares. Porque, como decíamos al principio, es necesario respetar el *ser* de cada niño en todas las etapas escolares para que estos puedan *ser* niños.

Lo que sabemos hoy

¿Cuál es la finalidad de la escuela? ¿Preparar a nuestros niños para la vida o seguir un programa educativo y aprobar exámenes? Desgraciadamente, a menudo se trata de lo segundo y en la escuela no se tiene en cuenta al niño, su evolución, y no se toma conciencia de por qué hace lo que hace. Si las decisiones que se toman en las aulas y en los centros escolares buscaran como objetivo a largo plazo el desarrollo integral de cada niño en particular, sacar lo mejor de cada uno, respetando su ser para que se pudiera enfrentar a la vida adulta con múltiples estrategias, las cosas se harían de una forma muy diferente.

De esta forma, las decisiones no se centrarían en lo que ocurre a nueve meses vista (que es lo que dura un curso), sino en el desarrollo de la persona a largo plazo. Si no tomamos conciencia de que trabajamos con un niño que se está desarrollando y que nuestro objetivo es ofrecerle oportunidades para que adquiera herramientas con las que enfrentarse a la vida a largo plazo, nos quedaremos centrados en nuestros objetivos, en nuestros contenidos, en la programación, en la unidad didáctica y en el examen. Esto significa que nos centramos en nosotros —en el adulto y sus prioridades— y se nos olvida el niño. Por eso se dan en la escuela, día a día, situaciones tan surrealistas como cuando se ignoran los cuidados corporales del niño pequeño (se queda con mocos, no le cambian si se ensucia, no le suben la cremallera del abrigo si hace frío...) o cuando se ignoran los sentimientos con los que llega al aula (lo que le ha ocurrido ese día en concreto, por qué no quiere quedarse en el aula, qué le pasó el día anterior) y nos resulta más fácil que el niño deje pronto de manifestarlos para poder comenzar con la asamblea, que es lo que está programado.

Pese a que hoy en día sabemos muchas más cosas que

antes sobre el desarrollo (algunas de ellas ya las·hemos ido viendo a lo largo del libro), el modelo de escuela actual —aunque ha cambiado «su fachada», las aulas tienen más colorines y sus maestros son más cercanos y parece más divertida— sigue la mirada de la escuela tradicional del siglo XIX. La sociedad ha cambiado desde entonces, pero el modelo de escuela persiste y por eso se ha quedado estancada.

La importancia del vínculo en el aula

En los tres primeros capítulos hemos visto la importancia del vínculo en el desarrollo del niño, pero ¿tenemos en cuenta la trascendencia de ese vínculo en el aula? Generalmente, se ignora cómo los vínculos primarios influyen en cada niño. ¿Recordáis cómo podía influir a largo plazo dejar llorar a un bebé o que no atendieran sus necesidades? Tampoco damos prioridad a la creación de nuevos vínculos con los maestros (si así fuera, por ejemplo, el periodo de adaptación no duraría apenas unos días). Si el vínculo es el primer organizador del desarrollo y supone la base sobre la que el niño va a explorar el entorno, no podemos pretender que aprenda si no se siente seguro y querido. De hecho, el estrés, la ansiedad y el miedo debilitan la capacidad de aprender porque reducen la atención. ¿Cómo va a sacar entonces lo mejor de sí mismo si sabe que puede ser castigado?

Hoy en día también sabemos que es importante respetar el deseo de cada niño, ya que este solo aprende aquello que le emociona y le motiva, lo que le resulta importante. Pero, en cambio, seguimos ofreciendo a todos los niños la misma actividad en el mismo momento. También sabemos que se aprende jugando, experimentando, tocando, haciendo, y no a través de grandes lecciones ni mediante libros de texto, porque el niño no es un recipiente vacío que nosotros debamos llenar de información; el niño no es pasivo, no puede estar quieto y sentado escuchando, sino que aprende y se desarrolla de forma activa.

La «escuela nueva»

Aunque la escuela esté estancada, estas ideas no son nuevas; ya a finales del siglo XIX y principios del XX surgió un movimiento de renovación pedagógica en Europa y EE. UU. llamado «Escuela Nueva», creado por diferentes autores con sus respectivas pedagogías y que pretendía romper con un modelo de escuela que ya entonces no se ajustaba a las necesidades de la sociedad ni a las del niño. Es triste que, tanto tiempo después, ese modelo que pretendían erradicar todavía perdure y que las inversiones generalmente realizadas en «innovación» educativa no dejen de ser la misma filosofía de base con un aire de «modernidad».

La Escuela Nueva rechazaba el magistrocentrismo, es decir, que el adulto tuviera el papel protagonista en el aula, y también que el maestro utilizara el castigo para hacerse respetar. Además, rechazaba el programa y el manual escolar porque seguir unos contenidos en un orden establecido olvidaba la individualidad y la evolución de cada niño, e imponiendo el mismo método para todos se relegaba al niño a un papel pasivo, de receptor de conocimientos.

La Escuela Nueva defendía una escuela centrada en el niño y en sus intereses; una escuela activa, en la que el aprendizaje se realizara observando, investigando, trabajando, construyendo, pensando y resolviendo situaciones problemáticas, dando prioridad a la actividad espontánea del niño, a su iniciativa; una escuela en la que el adulto se convirtiera en la figura que ofreciera caminos para que el niño pudiera llegar al conocimiento; una escuela vitalista, que no supusiera una preparación para la vida, sino la vida misma; una escuela centrada en la comunidad, donde los niños cooperasen y se relacionasen, y no permanecieran pasivos en un pupitre y en silencio escuchando al profesor.

Aunque la escuela actual sigue siendo más cercana a las ideas de la escuela tradicional que a las de la Escuela Nueva, lo cierto es que es más por tradición que por obligación, ya que la ley educativa no obliga a realizar clases magistrales en las que el profesor enseña y los niños escuchan de forma pasiva, ni fuerza a utilizar libros de texto, a trabajar sentados, a realizar fichas, no prohíbe el juego... De hecho, la ley en relación al primer y segundo ciclo de educación infantil, de los cero a los seis años, nos habla de «tener en cuenta la individualidad de cada niño», de organizar el aula por rincones para favorecer la toma de decisiones que los ayuden a ser más autónomos, de rincones con materiales diversos que posibiliten la elección de actividades por parte del niño, de la utilización de materiales diversos para favorecer el descubrimiento y permitir la observación, la simbolización y la representación. También establece el juego como el principal recurso metodológico de la etapa: «Los métodos de trabajo de ambos ciclos se basarán en las experiencias, las actividades y el juego, así como en el respeto por las aportaciones del alumnado, y se desarrollarán en un ambiente de afecto y confianza que favorezca la interacción del niño con las personas adultas y con sus iguales para potenciar su autoestima e integración social».

Porque transformar la educación requiere, en primer lugar, un cambio en la mirada del adulto que acompaña (nuestra mirada) para llegar a una forma de ver al niño y percibir cómo siente y piensa y poder decir y hacer de manera acorde. De poco sirve cambiar los muebles, el color de las paredes de las aulas, los materiales por juguetes de madera, las fichas por actividades sensoriales... si no hay una mirada coherente hacia la infancia por parte del adulto.

En estas líneas no propongo un nuevo modelo de escuela, sino una escuela que sea consciente del desarrollo natural del niño, que lo respete, que sea útil y que le permita *ser*.

Cuestionando las cosas que siempre se han hecho

Los adultos tenemos gustos, necesidades e intereses diferentes y por eso existen distintos tipos de trabajos; en los restaurantes hay variedad de platos en el menú, y cuando vamos a comprar un coche podemos elegir entre diferentes tipos de vehículos, marcas, modelos y colores. Por supuesto, somos conscientes de que dos adultos, aunque tengan la misma edad, no tienen por qué tener nada en común.

Sin embargo, cuando hablamos de infancia y del aula, parece que, por el hecho de tener una misma edad cronológica, todos los niños tengan que compartir los mismos gustos, necesidades e intereses... ¡en el mismo momento! Por eso se ofrecen idénticas lecciones y actividades a la vez, como si los niños madurasen simultáneamente y estuvieran preparados para ello, olvidando que puede que no a todos les guste ni les interese lo mismo. Cuando les ofrecemos a todos la misma actividad, hay niños que todavía no están preparados para adquirirla y desconectan, otros que la comprenden de sobra desde hace tiempo y se aburren, y unos pocos que de verdad la necesitan.

Sentados

Cuando hablamos sobre el desarrollo de la inteligencia, vimos que en los dos primeros años de vida se lleva a cabo a través del movimiento y del desarrollo sensorial; también hemos visto que estos estadios estaban siempre presentes a lo largo del desarrollo, y que después el niño evolucionaba principalmente jugando. Para aprender, los niños necesitan vivenciar: primero con todo el cuerpo; más adelante, con las manos y las puntas de sus dedos y, mucho después, solo cuando hayan acumulado muchas experiencias, podrán hacerlo a través del lenguaje y las imágenes. En la adolescencia, el orden se invierte.

El niño, por lo tanto, no aprende de la misma forma sentado en un pupitre o en la asamblea escuchando lo que un adulto le dice o lo que ve en imágenes que si se mueve, decide y vivencia por sí mismo.

La realidad

Para aprender, el niño debe estar en contacto con la realidad, con lo concreto, para poder construir lo abstracto. ¿Recordáis que hasta los doce años el pensamiento lógico se aplicaba a lo concreto? El niño no necesita una imagen de un plátano para saber lo que es un plátano; lo que necesita es tocarlo y sentir su textura, su peso, su temperatura, olerlo, intentar pelarlo, morderlo, saborearlo, verlo desde todos sus ángulos. Porque una imagen es una representación en dos dimensiones muy sencilla y evidente para nosotros, que hemos manipulado previamente muchas veces los objetos que nos muestran, pero no lo es para el niño.

Y, por supuesto, mucho menos adecuados son los dibujos o las imágenes infantilizadas que ofrecemos al niño. Si ya es complejo para él abstraer de una fotografía lo que quiere representar, todavía resulta más difícil hacerlo de un dibujo mucho más simple, cuyos colores son planos, no se corresponden con la realidad y que incluso a veces ¡tienen ojos y boca! Por ejemplo, ¿cuántas veces les mostramos imágenes de frutas con ojos? ¿O de animales que llevan ropa? ¡Hasta la luna la representamos dormida y con sombrero! ¿Por qué les enseñamos una realidad que no existe y que luego tendrán que desaprender? ¿Creéis que lo hacemos por ellos y por su fantasía? Hasta los cinco o seis años, el niño no diferencia la realidad y la fantasía y cree que todo es posible, que todo lo que le contamos o mostramos existe.

Además, trabajar en papel por medio de fichas —ya sean fotocopias, fichas de «un proyecto» que se está realizando o creadas por una editorial— es complicado para un niño de infantil porque representa una imagen plana. Para nosotros resultará sencillo comprender que una pelota dibujada más grande quiere representar que está cerca y que una más pequeña está lejos, pero el niño ¿lo interpreta de la misma forma o pensará que se está trabajando el concepto de grande y pequeño? Si hay un baúl dibujado en la ficha en el que hay que pegar pegatinas para trabajar el concepto de dentro y fuera, ¿no se está trabajando realmente el concepto de encima? Las imágenes que nos ofrecen los vídeos o la televisión, por su parte, tampoco proporcionan el contacto con la realidad que necesita el niño, ya que el descubrimiento por parte de todos sus sentidos vuelve a ser una representación en dos dimensiones, esta vez con dos añadidos importantes: el primero, la velocidad en la presentación (que no se ajusta a lo que un niño puede procesar, a los cambios de punto de vista, al cambio de escena continuo); el segundo, que el niño toma un papel pasivo y se convierte en un mero espectador que recibe contenidos prefabricados y que, encima, le enganchan como el efecto de una

ENCENDED LAS PANTALLAS

Y SE APAGARÁN LOS NIÑOS

droga. La prueba es bien fácil: ¿acaso es fácil y acepta bien el niño apagar la tele, la tableta o el móvil?

«CUANTO ANTES, MEJOR» Y «LAS COSAS SIEMPRE SE HAN HECHO ASÍ»

Por tradición, le damos mucha importancia a los aprendizajes escolares y creemos que lo realmente importante es que aprendan las letras, los números, los conceptos, sin tener en cuenta su desarrollo natural. La escuela, en general, también da mucha más importancia a lo cognitivo, a «trabajar» que a «jugar» porque nos da miedo «perder el tiempo», pero, como dicen Lapierre y Aucouturier, el tiempo pasado en educación vivenciada no es tiempo perdido, sino tiempo ganado, porque a largo plazo, cuando ha habido oportunidad de jugar, de explorar y de vivenciar, los aprendizajes se adquieren con mayor solidez.

Por eso, cuando se abordan los aprendizajes escolares demasiado pronto, cuestan mucho más tiempo, esfuerzo y desgaste que cuando el niño está realmente preparado para adquirirlos. El ejemplo está en que contenidos que en infantil necesitan «trabajarse» de forma sistemática durante tres cursos se adquieren sin apenas esfuerzo al comenzar primaria. Y es que, si se esperara a que el niño estuviera maduro e interesado para adquirir los aprendizajes escolares, estos serían reales y no «pseudoadquisiciones» que duran dentro de su cerebro poco más de lo que le lleva terminar un examen. Si los aprendizajes fueran reales, significativos y de verdad los comprendieran, no haría falta repetir lo mismo curso tras curso, a modo de «repaso», y tampoco harían falta deberes de ningún tipo (¡y mucho menos en verano!). ¿Recordáis durante cuántos cursos de vuestra escolaridad volvisteis a aprender el verbo «to be»? Cuando hacemos repetir al niño aquello que no sabe hacer y que no comprende, se aburre, se desmotiva y se bloquea. El niño pequeño es plena curiosidad y motivación por aprender y, conforme pasan los cursos escolares, se va apagando y va perdiendo el interés las ganas de ir a la escuela y de aprender. ¿No será que no estamos respetando su *ser*?

Que las cosas «siempre se hayan hecho así» no significa que sea la forma más adecuada de hacerlas. ¿Cuántas cosas de las que estudiaste a lo largo de toda tu escolaridad no has usado nunca? ¿Y de cuántas te acuerdas? ¿Tienes que volver a buscar la información cuando la necesitas porque a pesar de haberte examinado de ella, incluso de haber sacado buena nota, no la recuerdas? ¿Cuántas veces has contado con los dedos o usado «la cuenta de la vieja»? ¿Realmente sabe más el que saca mejores notas? ¿Qué mide un examen y por qué la nota más alta la recibe el que da la respuesta que más se parece a lo que pone en el libro de texto? ¿Nos hemos parado a pensar si eso es comprender o memorizar? ¿Por qué se valora dar la respuesta más parecida a la del libro y no la reflexión? ¿Si cada niño es diferente, por qué los deberes y los exámenes son iguales para todos? ¿Si un aprendizaje se adquiere realmente, cómo va a olvidarse en vacaciones? ¿Y por qué no es suficiente con las horas lectivas, sino que además hay que hacer deberes fuera de ellas? Todas estas dudas también se extienden al rol del maestro: ¿realmente hace falta estudiar una carrera para seguir un libro de texto y llenar al niño de datos?

La motivación

Cuando se respeta el deseo del niño por lo que quiere aprender, su motivación es intrínseca, sale de dentro de él; no necesita un premio, sino que lo hace por el propio placer que le genera la actividad. Y es que el ser humano es activo y curioso por naturaleza y precisa cubrir esa necesidad de saber sobre su entorno. Sin embargo, en muchas ocasiones los adultos queremos que el niño haga o aprenda algo que no sale de su deseo, sino del nuestro (por lo tanto, esta actividad no le motivará). Para conseguirlo tenemos que recurrir a los premios y a los castigos, es decir, el niño ya no hace lo que desea, sino lo que le es impuesto; su motivación, lo que le mueve a hacerlo, ya no sale de dentro de él, sino que proviene del exterior (no actúa porque realmente quiera hacerlo, sino para evitar o conseguir cosas).

Si cada niño es diferente, tiene necesidades, intereses, gustos, preferencias, ritmos distintos; si cada niño madura a un ritmo diferente, es imposible que todos estén preparados y motivados intrínsecamente el mismo día y en el mismo momento para adquirir un determinado aprendizaje, para seguir una lección o hacer una actividad. Por eso la motivación en la escuela tradicional es principalmente extrínseca, ya que el niño no realiza las cosas que le son impuestas por placer sino para conseguir una calificación, aprobar el examen, no repetir curso, conseguir una sonrisa del maestro, una pegatina con carita sonriente, un caramelo o evitar un castigo, una mala cara, una bronca o quedarse sin recreo.

Quizá penséis que así es como funciona el sistema, que siempre se ha hecho de esta manera, pero es que la motivación extrínseca no saca lo mejor de nosotros mismos, al revés, mata el aprendizaje. Cuando un niño está motivado extrínsecamente, busca tareas fáciles y poco creativas para tener más probabilidad de conseguir el premio; busca el mínimo esfuerzo y, además, cuando no hay premio, deja de hacer la tarea. En cambio, cuando el niño está intrínsecamente motivado y le gusta la actividad, busca retos de dificultad moderada y con cierto nivel de creatividad.

¿Y qué ocurre cuando se premia algo que ya le motiva de por sí? La lógica nos diría que lo haría todavía mejor, pero se ha encontrado un fenómeno que se conoce como el «costo oculto de la recompensa», «la paradoja del incentivo» o la «teoría de la sobrejustificación» (todos ellos términos acuñados tras los experimentos llevado a cabo por los psicólogos Mark Lepper, David Greene y Richard E. Nisbett en los años setenta). Si una actividad que se hace por placer (motivación intrínseca) se utiliza como medio para conseguir algo (un premio), el interés por la actividad disminuye y deja de ser placentera.

Este curioso efecto se ha comprobado en múltiples experimentos: con monos que realizaban menos puzles tras haber sido premiados con comida (llevado a cabo por el psicólogo norteamericano Harry Harlow en los años cincuenta); con niños que dibujaban menos aun sabiendo que serían premiados por la actividad (Lepper, Greene y Nisbett, 1973); o con poetas, a los que se dividió en tres grupos y se comprobó que los que recibían recompensas realizaban versos menos creativos y de peor calidad (descubrimiento de Teresa Amabile, 1985).

Si en el primer capítulo vimos cómo se iba construyendo su autonomía de forma progresiva y real, ahora demostramos que el ser humano necesita ser autónomo, sentir que «no es una marioneta» de otros, tomar sus propias decisiones, creer que controla su conducta y los acontecimientos de su vida. Esto es lo que J. B. Rotter —uno de los principales teóricos del aprendizaje social— denomina «Locus de control». El Locus de control, la percepción que tiene una persona sobre el agente causal de las cosas que le ocurren, puede ser interno o externo: cuando es interno, la persona atribuye sus éxitos y fracasos a sus propias acciones (por ejemplo, el niño con una puntuación alta en el Locus de control interno es menos dependiente y ansioso, lleva mejor las situaciones de tensión, demuestra mejor ajuste social y confianza en su propia capacidad, por lo que tiene más éxito en sus aprendizajes); cuando es externo, cree que sus éxitos y fracasos dependen de factores ajenos a él (como la suerte, otras personas o el azar) y está convencido de que su esfuerzo no tiene que ver con sus resultados.

Las personas necesitan sentir el control sobre lo que hacen; de lo contrario se genera en ellos un estado desagradable. Cuando esto se repite en el tiempo, aparece lo que el psicólogo Martin Seligman denominó en 1975 como la «indefensión aprendida», que es cuando una persona siente que no puede hacer nada para cambiar algo de su entorno, pierde la voluntad para hacerlo y pasa a comportarse de manera pasiva (lo que perjudica gravemente a su autoestima). Desde nuestra posición de padres o profesores, debería ser esencial que nuestro acompañamiento no interfiriera en su motivación intrínseca, respetando su deseo natural por aprender, para que logre disfrutar de lo que haga, se supere a sí mismo y aprenda por placer.

LA COMPETITIVIDAD

Relacionado con el tema de la motivación, está el de la competitividad. La escuela tradicional es por naturaleza competitiva; de hecho, muchos de nosotros creemos que el mundo es así y que eso nos ayuda a sacar lo mejor de nosotros mismos. Pero nada más lejos de la realidad. Si nos paramos a pensar en qué cualidades nos gustaría que tuvieran nuestros hijos o alumnos a largo plazo, seguramente elegiríamos que fueran buenas personas, que poseyeran una buena autoestima, que tuvieran la capacidad de vencer obstáculos, que contaran con criterio propio para no depender de la opinión de los demás a la hora dc haccr las cosas, que dispusiesen de capacidad de decisión o que supieran asumir las consecuencias de sus actos...

Pues estas características se alejan del mundo competitivo y luchador, que pisa al de al lado, que funciona a base de premios y castigos, y tiene más que ver con la motivación de logro. La «motivación de logro» es lo que se conoce como la tendencia a buscar el éxito en situaciones desafiantes que suponen un reto con el fin de obtener la propia satisfacción, sin tener en cuenta la aprobación externa. ¿Y cómo se consigue una alta motivación de logro?

Existen dos conocidos estudios que relacionan el estilo educativo de los padres con la alta o baja motivación de logro de los hijos. El primero, llevado a cabo por Marian Winterbottom en los años cincuenta, halló que los niños con una alta motivación de logro eran aquellos que recibían más refuerzo de tipo emocional por parte de sus padres, y mostraban más cariño y afecto. El segundo, de B. C. Rosen y Roy Goodwin D'Andrade, también descubrió a finales de los cincuenta en su investigación que:

- Los niños con una alta motivación de logro tenían unos padres que les daban seguridad y ánimo mientras hacían tareas, se alegraban de sus éxitos, les dejaban libertad para actuar, les reforzaban con palabras de cariño y les ayudaban ante sus fracasos.
- Los niños con una baja motivación de logro tenían unos padres con expectativas más bajas en relación con las capacidades de sus hijos, cuando interactuaban eran más autoritarios, tomaban las decisiones por ellos, les regañaban cuando los niños se equivocaban y su actitud era de autoridad en todo momento.

Por lo tanto, un clima competitivo, autoritario y sin afecto no favorece una alta motivación de logro, sino que es necesario un ambiente que proporcione seguridad y fomente y respete la autonomía del niño para promover la responsabilidad y el compromiso, es decir, se necesita una relación de apego seguro.

Pero el niño no va a hacer todo lo que le digamos por el hecho de tener una alta motivación de logro porque, como ya hemos visto, el ser humano tiene la necesidad de controlar su propia vida y de elegir lo que hace por su propia satisfacción. En este sentido, Edward L. Deci y Richard Ryan elaboraron en 1985 la «Teoría de la autodeterminación», en la que explicaban que las personas tenemos una tendencia innata a involucrarnos en lo que nos despierta interés, en lugar de lo que se hace por obligación, y por ello necesitamos sentirnos competentes y autónomos.

Por su parte, Salmerón (2010) y Gutiérrez y López (2012) descubrieron también que el ambiente competitivo y motivacional del aula estaba relacionado con el comportamiento de los alumnos. Por ejemplo, un aula en la que se respetaba la capacidad de aprendizaje de cada alumno, su interés, el esfuerzo y la importancia hacia la materia era un aula con una buena disciplina por parte de los alumnos. En cambio, un ambiente en el que el niño se sentía comparado, había competitividad, tensión y presión estaba relacionado con la indisciplina de los alumnos. El niño que se siente bien y a quien se le respeta no se porta mal.

Pedagogías que me inspiran: Montessori, Pikler & Reggio Emilia

Cuando comencé a trabajar como educadora ponía en práctica aquello que me habían enseñado que era lo que tenía que hacer en aula; al fin y al cabo, los demás eran los que sabían y yo acababa de empezar. Poco a poco comencé a cuestionarme mi hacer diario y me di cuenta de que lo que hacía no me resultaba satisfactorio ni tampoco resultaba agradable a los niños. En ese momento empezó a nacer en mí una actitud crítica; leyendo mucho, formándome, probando y a puro ensayo y error, fui creando mi propia mirada hacia la infancia y mi propia forma de hacer las cosas.

Es evidente que hay ciertas pedagogías que me inspiran y de las que se puede ver su esencia al explicar cómo entiendo la escuela. Por ejemplo, la primera pedagogía en la que profundicé fue la de María Montessori. Ella fue una de las figuras presentes en el movimiento de renovación pedagógica «Escuela Nueva» que, a principios del siglo XX, luchó por cambiar la educación que se estaba llevando hasta el momento. Estudió, entre otras cosas, medicina, trabajó con discapacitados y más tarde fundó «La Casa de los Niños». Montessori dedicó toda su vida a la infancia y a la educación y, como vivió entre guerras, a intentar conseguir una paz mundial.

Sus ideas y su forma de ver al niño crearon toda una filosofía que es interesante conocer para poder descubrir la magia del método. Aunque a veces lo más conocido sean sus materiales, estos carecen de sentido si no se sabe todo lo que hay tras ellos.

Algunos de los puntos clave que se pueden observar en mi propuesta son:

- El respeto al niño, a su individualidad, a sus intereses, a sus necesidades.
- El ambiente preparado, que asume parte del papel que antes le correspondía al maestro; un aula dividida en espacios que favorece las necesidades de cada niño; un ambiente a su altura que incentiva su autonomía; un aula bella, luminosa.
- Observar sin intervenir, respetando la propia actividad del niño, sin decirle lo que tiene que hacer, ofreciendo el

acompañamiento adecuado para que aprenda de su error.

- La mente absorbente; el niño aprende en todo momento y en todas las situaciones, ya que su mente es como una esponja.
- Seguir al niño; el adulto debe seguir al niño y no al revés.
- «Enséñame a hacerlo por mí mismo», ofrecer la oportunidad y poner los medios necesarios, aprovechando el interés que presenta.
- La maestra, como guía, ya no se encarga de «llenar» a los niños de conocimientos, sino de acompañarlos.
- Libertad; cada niño es libre de elegir lo que quiere hacer, siempre y cuando no perjudique la libertad de los otros.

Antes ya os hablé de Emmi Pikler, pero ahora me gustaría profundizar en su pedagogía, que es mucho más que movimiento libre. Esta contiene dos puntos clave que son de gran valor en la etapa de cero a tres años. Por un lado, el juego libre y autónomo del que hemos podido ver pinceladas a lo largo del libro y, por otro, la pedagogía de los cuidados (situaciones del día a día importantes a las que debemos otorgarles el valor que merecen dentro de una institución como es la escuela). Esta segunda concibe los cuidados con todo su valor educativo e importancia: el cambio de pañal, el aseo, las comidas... y cómo estos momentos individuales compartidos, respetados, con calma y en cooperación con el niño favorecen la creación del vínculo con el educador. Son estas situaciones de cuidados de calidad, que no se realizan «deprisa y corriendo» (o de cualquier manera) para dedicar el tiempo a cosas «más importantes» o «educativas», las que le aportan al niño la seguridad y la estabilidad suficientes para sentirse bien y poder dedicar su tiempo a jugar libremente y, por lo tanto, a aprender.

Otra propuesta que me inspira es la llevada a cabo en las

escuelas de Reggio Emilia. La propuesta educativa de Reggio Emilia nace en la segunda mitad del siglo XX, después de la Segunda Guerra Mundial. En esta ciudad del Norte de Italia se crearon, por iniciativa popular, «escuelas de la infancia» para niños de hasta seis años bajo las ideas originales de un pedagogo llamado Loris Malaguzzi. Malaguzzi defendía una escuela que tuviera presente la imagen del niño, un niño con derechos, al que no se le estimula y de quien se respetan sus ritmos; un niño que explora, que se expresa y al que la escuela no tiene que intentar igualar al resto. Rechazaba la arquitectura de la escuela tradicional pensada para dar sermones, autoritaria, que marcaba claramente los roles, y defendía una escuela pequeña y amable, viva, con identidad propia, creada por las personas que la habitan, que cambia y se cuestiona lo que hace continuamente para no caer en la rutina. La propuesta de Reggio invita a la reflexión, a la duda, al inconformismo y a romper con lo establecido. Y es que la propuesta de Malaguzzi no es solo una experiencia educativa, sino también cultural y social, que implica a toda la comunidad —a los niños, a los trabajadores de las escuelas, a las familias, a los ciudadanos— para conseguir un cambio social: que la escuela sea un motor para transformar la sociedad y para lograr un mundo mejor.

Algunos de los puntos clave de esta experiencia pedagógica que se me inspiran son:

- La estética es un punto fuerte de esta pedagogía. Hacer que la escuela sea bella, agradable, un lugar que invite a quedarse y a regresar al día siguiente.
- Pedagogía de la escucha para comprender cómo los niños piensan, desean, hacen teorías, y así respetarlos, no destruir la cultura de la infancia, y adaptarnos a las personas que tenemos delante para preparar las propuestas.
- La imagen del niño. Los niños son diversos y el objetivo

de la educación no debe ser igualarlos, sino dar respuesta a cada uno en particular. Malaguzzi dice que todos tenemos una imagen del niño, explícita o implícita, y que según sea esta nos relacionaremos con él.

- El pensar, el decir, el hacer y el sentir deben ser acordes.
- El ambiente es un educador más y debe ofrecer un amplio número de oportunidades, con una extensa oferta de materiales que favorezcan el desarrollo.
- Todo es educativo, no se parcela por áreas (también el aseo, la hora de la comida, el sueño...), y lo lleva a cabo el educador. Todo es igual de importante para el desarrollo del niño porque es un ser que se construye de manera global.
- Los materiales no comerciales. Se priorizan los que ofrecen posibilidades de juego diversas como tubos, cajas, cuerdas...
- La creación de un atelier o taller, un espacio para que los niños se expresen a través de lo que Malaguzzi llama de forma metafórica «los 100 lenguajes»; no es un lugar para la expresión plástica, sino un espacio que invita a experimentar, a probar y a investigar.
- La documentación es clave, ya que en las escuelas de Reggio Emilia el educador que observa y está a la escucha registra y documenta lo observado (en papel, fotografía y vídeo) para luego interpretarlo y reflexionar. Después se hace público por las paredes de la escuela para dar testimonio cultural y pedagógico de lo vivido allí, de la profesión, y dar voz al niño, mostrándose a las familias y al resto de la sociedad.

En el apartado sobre el juego ya os hablé sobre la psicomotricidad vivenciada y cómo esta favorece el desarrollo global del niño. La mirada de la psicomotricidad no debe quedarse reducida a la sesión y la sala, sino que es una forma de entender y acompañar al niño y su desarrollo.

¿Qué es una escuela vivencial?

La escuela vivencial no tiene límite de edad y no se trata de una propuesta solo para la primera infancia; es una mirada hacia el niño, para entenderlo, para tomar consciencia de sus necesidades y poder acompañarlas sin que este deje de *ser* niño, de *ser* quien ya es.

En resumen, una escuela vivencial es:

- Una escuela que se centra en el niño, que toma conciencia de lo que necesita para aprender, de las necesidades reales.

En cuántas escuelas se elaboran las programaciones de antemano, es decir, antes del inicio de curso, sin conocer ni siquiera a los alumnos, se programa todo lo que se hará en los siguientes nueve meses, teniendo en mente un alumno hipotético ideal; unas programaciones que además no dejan apenas margen de maniobra y que hay que cumplir a pesar de que las necesidades reales sean diferentes. Por supuesto, trabajando de esta forma no se respeta la individualidad, ni a cada uno tal cual es, sino que se intenta que todos sean iguales y adquieran lo mismo en el mismo momento.

En muchas escuelas suele ser habitual elaborar los tiempos y horarios teniendo en cuenta al adulto y no al niño; además, cuánto más pequeño es el niño, más evidente es la necesidad de poner al niño en el centro de la escuela. ¿En cuántas escuelas infantiles no se respetan necesidades básicas infantiles como el sueño, la comida... obligando a posponerlas por una falta de organización del personal?

- Una escuela que conoce, confía y respeta los procesos naturales.

- Que respeta la curiosidad y el asombro, la motivación intrínseca, el aprendizaje por descubrimiento y significativo.
- Que respeta la individualidad, teniendo en cuenta que los niños tienen diferentes ritmos, intereses y necesidades y que no pretende homogeneizar, donde no se ve a los pequeños como iguales, sino cada uno con sus diferencias.
- Una escuela en la que encuentran diferentes propuestas para que cada niño, de forma activa, manipulando y haciendo, pueda encontrar el camino que necesita y adquirir los aprendizajes.
- Una escuela amable, afectuosa, no directiva, que trata con respeto, que tiene en cuenta las emociones en todo momento y sabe darles respuesta.
- Una escuela en la que cambia la configuración del aula, donde el ambiente asume un nuevo rol y es otro maestro más, un espacio en el que los pequeños se pueden mover, pueden elegir qué hacer, jugar, equivocarse, repetir y utilizar las diferentes propuestas que en él se encuentran.
- Un lugar en el que el maestro asume un nuevo rol y ya no es un mero transmisor de información, sino que se convierte en un facilitador de experiencias y un acompañante de los procesos naturales; para ello, tiene en cuenta la importancia de la creación de vínculos afectivos.
- Una escuela consciente, con sentido común.

EL AMBIENTE

Como veíamos, en una escuela vivencial la estructuración del aula asume un papel fundamental porque es lo que va a permitir que el niño encuentre diferentes propuestas que le permitan ir aprendiendo a la par que pueda satisfacer sus necesidades individuales. En un mismo espacio y momento, y con un maestro que pueda aplicar un acompañamiento individualizado, el aula es un ambiente preparado, un espacio educativo en el que la colocación de los muebles y los materiales no se establecen por azar ni por ningún criterio meramente estético o de comodidad, sino que todo está pensado para que se adecúe a las necesidades de desarrollo, a los intereses y los ritmos diferentes de cada niño.

Hablamos de un espacio amplio, sencillo, bello y luminoso, con pocos colores y neutros, de cuyas paredes apenas cuelgan elementos (no hay pósters, murales ni materiales plastificados), ya que se evita la sobreestimulación y la distracción. Lo habitual es que al niño inicialmente le llamen la atención los colores chillones, pero ¿es eso lo que necesita? ¿Qué le transmite un espacio sobrecargado? ¿De quién es la necesidad de que todo esté tan lleno, del niño o del adulto? ¿Que las paredes estén tan llenas es una necesidad del niño o es una medida indirecta para intentar bombardearlo con información? Si recordamos lo que vimos sobre el aprendizaje y tenemos en cuenta que el niño aprende de forma activa (haciendo y no por la información pasiva que recibe del exterior), ¿por qué las aulas generalmente son tan feas y tan incómodas? ¿Por qué creemos que en el espacio donde los niños van a pasar tantas horas todo vale? ¿Por qué colocamos allí cosas que no seríamos capaces de poner en nuestra propia casa sin seguir un criterio estético y funcional? Un ambiente realmente preparado se parece más a una casa que a un aula tradicional. Y es que los niños van a pasar muchas horas allí y debería resultarles cómodo, funcional y agradable; un lugar en el que les apetezca quedarse, cuyas propuestas despierten su curiosidad y hagan que quieran volver.

En este ambiente el niño no permanece sentado en una silla; de hecho, si tenemos en cuenta cómo se desarrolla la inteligencia y el papel del juego, ni siquiera es necesario que haya pupitres y sillas para todos los niños porque es imposible que todos ellos tengan la necesidad de sentarse al mismo tiempo. Además, de este modo, se favorece que ocupen otros espacios como es el suelo o los cojines. De hecho, en la escuela infantil, tan solo debería haber las mesas y sillas imprescindibles; de esta forma, el espacio libre para el movimiento también es mayor. Así, gracias a este ambiente, el pequeño puede elegir a qué espacio ir, qué material quiere

utilizar y permitir de esta forma una autonomía real (esa que le otorga poder de decisión, en la que elige qué hacer, en qué lugar y durante cuánto tiempo). Además, no hay una edad para comenzar con esta mirada en la escuela porque un bebé ya es capaz de tomar decisiones ajustadas a su momento evolutivo, de seguir su deseo y de enfrentarse a una dificultad asumible, como vimos en el capítulo sobre el movimiento.

El ambiente también debe estar ordenado, con los materiales al alcance del niño y solo con los objetos necesarios.

Acertar con la cantidad adecuada es importante: si hay poca oferta aparecerán conflictos entre los pequeños, pero si hay demasiada, la sensación será de caos y desorden. Los materiales tienen que tener lugares fijos en el aula para que cada niño sepa dónde los puede encontrar y dónde los puede devolver (aunque al principio esta sea una función del adulto y no del pequeño) para, de esta manera, adquirir la noción de orden y favorecer la autonomía.

Se deberá promover la oferta de materiales de diferente índole, naturales y de texturas diversas, ya que el niño aprende principalmente a través de sus sentidos, por lo que debemos tenerlo en cuenta al seleccionarlos. Del mismo modo, es interesante colocar plantas naturales por el ambiente, así el niño puede ver su evolución con el paso del tiempo, además de tocarlas, aprender a respetarlas y, si es mayor, hasta cuidarlas.

En un espacio donde se intenta respetar las diferentes necesidades de un grupo, es importante que el ambiente sea relajado, y esto comienza por la actitud del adulto, la sensación de orden y armonía que desprende el ambiente y el control del nivel de ruido. La música de fondo generalmente solo interfiere y genera que el niño hable más fuerte, grite y el nivel de ruido cada vez sea mayor. Además, el niño que no quiere oírla no puede bloquear el sentido de la audición de ningún modo.

No hay un tiempo para pasar por cada zona del ambiente ni una obligación de recorrerlas todas. El niño es el que decide libremente qué hacer, qué utilizar y durante cuánto tiempo; si no fuera así, si el adulto impusiera que debe pasar por todas las áreas o el tiempo que invertir en cada actividad, ya no se estarían teniendo en cuenta los diferentes ritmos, necesidades e intereses, ni tampoco se estaría dejando que el niño fuese autónomo o tomara decisiones.

En un ambiente el niño realiza las actividades principalmente de forma individual, ya hemos visto que durante los primeros años el juego era en paralelo, pero de manera progresiva, surgen de forma espontánea acercamientos, los niños se observan, comparten espacio, se ayudan entre ellos y comienzan a relacionarse en un pequeño grupo de forma natural; eso sí que son verdaderas interacciones sociales que surgen de una necesidad real.

En el ambiente se ofrecen diferentes propuestas para que, a través de la observación, la exploración, el descubrimiento y el juego, el niño pueda elegir e ir construyendo los aprendizajes. El juego libre debe tener un papel principal en el aula y estar disponible en todo momento, por eso dedicaré más adelante un apartado a «la provocación». Es importante la observación continua por parte del educador, el registro y la retroalimentación constantes para crear diferentes propuestas en el espacio que se ajusten a las necesidades de los niños y, de esta forma, evitar que todos los niños acudan a un único espacio del aula, o que muchos quieran en el mismo momento la misma cosa (situación que suele ser habitual cuando algo se presenta de forma ocasional por ser la novedad).

Aunque el juego sea el protagonista, el niño también tiene otras necesidades que no se nos pueden pasar por alto. Por eso el ambiente debe diseñarse teniendo en cuenta las necesidades evolutivas y concretas de los niños que lo habitan. Tampoco debemos olvidar crear un espacio para el descanso, tanto para permanecer calmados como para dormir. Si tenemos en cuenta que dormir es una necesidad básica y que no todos los niños madrugan igual ni tienen las mismas necesidades de sueño, tenemos que facilitarles un espacio donde puedan descansar a demanda.

Por otra parte, el niño también necesita moverse, por lo que debe encontrar algún espacio donde poder subir, bajar y saltar cuando lo necesite, independientemente del momento del patio y de las sesiones de psicomotricidad, porque no podemos contener la necesidad de movimiento.

En las escuelas infantiles, la zona del cambiador de pañales debe estar dentro del aula y, una vez haya control de esfínteres, el baño también tiene que estar situado dentro para que el niño pueda ir cada vez que lo necesite sin necesidad de programar las salidas a un baño que se encuentra al otro lado del pasillo y al que tendría que ir acompañado por un adulto. El niño tiene que poder ir al baño cuando lo necesita y ha de encontrar un espacio adaptado, con váteres pequeños y lavabos a su altura. Lo mismo ocurre con lavarse las manos o limpiarse los mocos, acciones que tiene que poder llevar a cabo cuando las necesite, aunque el adulto lo continúe acompañando y permanezca atento. Lo mismo ocurre con el agua o los almuerzos: es imposible que todos los niños que hay en una misma aula tengan hambre y sed a la vez (cada uno se levanta a una hora distinta, desayuna diferentes alimentos y cantidades). Cuando pautamos un horario para almorzar, lo lógico es que unos ya tengan hambre desde un buen rato antes, hambre que no les permite concentrarse en la actividad y que hace que se sientan más molestos y puedan aparecer más conflictos. Por el contrario, otros llegan a la hora del almuerzo sin apenas hambre. Entonces, ¿por qué no ponemos un lugar en el aula con alimentos saludables? Por ejemplo, varios tipos de frutas y así cada niño podrá almorzar cuando lo necesite, favoreciendo la autorregulación.

Por último, otra necesidad que no se nos debe olvidar en los primeros años es la de expresarse en todo momento (y no solo verbalmente, sino a través de diferentes materia

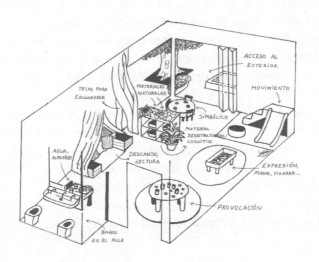

les). Por eso entre las diferentes propuestas de un aula han de estar presentes las masas, la arena o espacios amplios con pizarra, siguiendo los criterios que vimos en segundo capítulo.

EL PAPEL DEL EDUCADOR

Cuando tenemos en cuenta el desarrollo del niño y queremos respetarlo, nos damos cuenta de que el rol del maestro de la escuela tradicional tiene que cambiar; aquí los educadores ya no son los protagonistas del aula y los niños no se sitúan en la misma dirección, mirándoles, mientras transmiten información o llenan a los niños de contenidos como si fueran vasos vacíos. El papel de los educadores es el de acompañar y facilitar experiencias y oportunidades de aprendizaje.

El adulto como acompañante es la figura de referencia para el niño, el que le garantiza unos cuidados de calidad, el que le aporta seguridad y estabilidad, el que acompaña sus emociones. Con los bebés y los niños pequeños favorece este vínculo desde el contacto físico y, más adelante, desde la mirada. El niño que se siente seguro y querido puede dedicarse a explorar el ambiente, a jugar y a aprender; el que no busca constantemente esa necesidad primaria no satisfecha.

Por su parte, el adulto también observa. ¿Cómo si no va a saber qué acompañar? Pero en su observación no interviene, no sugiere, no dirige, no interrumpe, no juzga y no interfiere («y si haces...»), pero sí que está a la escucha del niño y utiliza el lenguaje en los momentos adecuados.

Simplemente observando el juego del niño y su actividad, el educador recibe información sobre:

- Cómo es su movimiento, en qué momento evolutivo está, qué hace y cómo es la calidad del mismo.
- Su desarrollo cognitivo y manipulativo, en qué momento se encuentra y cómo utiliza los objetos.
- El juego, cuál es su momento evolutivo, qué hace con los objetos, qué significado tienen.
- Su desarrollo socioafectivo, cómo se relaciona, si busca la relación, con quién le gusta estar y con quién no, cómo se siente cuando le cogen un objeto, cómo reacciona cuando algo no le sale (si se frustra, si necesita y demanda al adulto).
- Los gustos, preferencias, necesidades, dificultades, progresos y cómo va adquiriendo los aprendizajes.

Toda esta información al adulto le sirve para poder ofrecer una respuesta adecuada a cada niño y que este continúe evolucionando. Los datos que recibe son muy diferentes a cuando todos los pequeños deben permanecer sentados y callados en el aula, a cuando solo se les permite hablar esperando la respuesta correcta, a cuando todos hacen las mismas actividades dirigidas, fichas y ejercicios, y se les examina con la misma prueba. De esta forma, la información recogida a través de la observación, a pesar de no ser objetiva o numérica, es real y describe a cada niño y al grupo en un momento y contexto concretos. Gracias a esta información recogida, el educador puede preparar nuevas propuestas en el ambiente ajustadas a las necesidades observadas, al grupo en general y a los niños en concreto.

LA PROVOCACIÓN

Teniendo en cuenta la importancia del juego en el desarrollo y la idea de un ambiente preparado estético con diferentes propuestas, hace unos años comencé a realizar una propuesta de juego, exploración, descubrimiento, manipulación, creación y transformación que denominé «provocación». A través de esta, el niño encuentra un tiempo, un espacio, un acompañamiento y unos materiales para darles vida, construir diferentes caminos para asombrarse, para aprender vivenciando mediante sus descubrimientos y para alcanzar aprendizajes reales y significativos.

Estas propuestas no se hacen al azar ni surgen de la nada; cada provocación nace de lo observado en las provocaciones previas y en el aula, ya que son una retroalimentación continua para favorecer el desarrollo natural del niño. La provocación solo tiene sentido dentro de la filosofía de escuela vivencial como la que he ido hablando a lo largo del libro. En este sentido, no se trata de una actividad puntual que hacer en el aula para que, de vez en cuando, se diviertan o exploren. La finalidad de la misma es más profunda, es acompañar el desarrollo natural del niño respetando su *ser*. De hecho, las fotos de las provocaciones que os muestro tienen sentido dentro del contexto concreto en el que se realizaron, con los niños concretos y en el momento preciso que se propusieron.

LAS DIFERENTES PROVOCACIONES

Los objetos que se ofrecen son diversos, principalmente naturales —por toda la información sensorial que aportan— y de materiales diferentes al plástico. Las propuestas contienen materiales desestructurados y abiertos por las ventajas que aportan sobre el juego, y más teniendo en cuenta que en este caso la propuesta está abierta a todos los niños de un aula, que, como sabemos, por el hecho de tener la misma edad cronológica no están obligados a tener las mismas necesidades (véanse figuras 10 y 11).

El material abierto permite ajustarse a las necesidades individuales; por ejemplo, en un aula de dos a tres años un mismo objeto puede ser utilizado por un niño de forma sensorial (golpeándolo, escuchando el sonido que produce), otro puede utilizarlo en relación con otros materiales (favoreciendo las reacciones circulares terciarias) y un tercero puede usarlo de forma simbólica (transformando el objeto) (véanse figuras 12-15).

Los materiales se seleccionan en función de unas necesidades observadas y de lo que puede favorecer su utilización (véanse figuras 16-20). Ayudará, para la misma, hacerse las siguientes preguntas:

- ¿Qué necesidades he observado?
- ¿En qué momento evolutivo se encuentran los pequeños?
- ¿Se pueden satisfacer esas necesidades a través del uso o combinación de algún material? ¿Cómo y con qué lo combino? ¿Qué favorece esta combinación?
- ¿Por qué elijo este material?
- ¿Qué ofrece y qué favorece?
- ¿De qué material está hecho?
- ¿Se puede transformar?
- ¿Es adecuado para los niños a los que se lo voy a ofrecer?
- ¿Cómo lo coloco: tumbado, en vertical, apilado, dentro de otro...? ¿Y qué tipo de uso despierta en función de cómo lo coloco?
- ¿Sobre qué superficie: el suelo, una mesa, colgando? ¿Qué favorece y qué no si lo preparo sobre una superficie u otra?

En función de los materiales que se ofrecen, estos pueden transformarse a lo largo de la provocación o bien pueden mantenerse intactos. Por ejemplo, el barro, el agua, la pintura, las plantas o el papel son materiales que transforman la provocación con su uso (véanse figuras 21-30).

El cartón, la madera y la tela, en cambio, son materiales que, a pesar de cambiar de colocación, permanecen intactos a lo largo de la provocación (véanse figuras 31-34).

La provocación siempre se presenta de una forma estética, armoniosa, agradable, dentro de un límite visual o espacial que invite a acercarse, que «provoque» al niño a utilizar los materiales y darles vida. Esta siempre se prepara antes de que los niños accedan al ambiente. Cuando las provocaciones se presentan en el aula, se mantienen a lo largo de gran parte de la jornada escolar para que el niño pueda acceder a ellas cuando realmente lo necesite (si es que lo necesita). Cuando la provocación pierde interés, el educador puede recolocarla para que vuelva a ser atractiva para los niños que todavía no han entrado en contacto con los materiales o, si lo considera, retirarla (véanse figuras 35 y 36).

Además, la provocación es una propuesta de juego libre que se ajusta a cada niño, ya que es cada uno el que le da el uso y la vida que él considera, según sus necesidades internas, del mismo modo que cada niño es el que decide si quiere o no participar, durante cuánto tiempo o de qué forma hacerlo. En una provocación tiene importancia el proceso y no el resultado final; no hay una forma correcta o incorrecta de llevarla a cabo, ni un acabado esperable de la misma.

A diferencia de una actividad o de un juego dirigido, no hay objetivos marcados de antemano por el adulto, aunque sí que se baraja una serie de hipótesis en función de las necesidades observadas y de cómo estas pueden verse favorecidas a través de los materiales ofrecidos. Eso sí, las hipótesis pueden tanto cumplirse como no, y de la observación de estas pueden aparecer nuevas ideas para la preparación de la siguiente provocación.

Como el niño vivencia con todo el cuerpo, las provocaciones pueden realizarse en espacios amplios —como en una sala diáfana preparada para ello, que permita utilizar materiales más grandes o que ensucian más—, aunque este tipo de provocaciones tendrán el inconveniente de que no respetarán si en ese momento el niño desea estar realizando otra actividad. Sin embargo, es cierto que ningún pequeño tiene la obligación de participar, y cada uno lo hace de la forma que desea, en función del personal que disponga el centro y dónde se localice la sala, es posible que todo el grupo tenga que asistir a este espacio al mismo tiempo. Esto hará que los niños que agotan antes el placer de jugar o bien tienen que esperar a que acabe el juego del resto o bien marcan el final de la sesión, cortando el juego de los que todavía están en ello (véanse figuras 37-40).

Cuando la provocación se presenta dentro del ambiente, el respeto a las necesidades individuales y a los tiempos es mayor; en cambio, debido al espacio más reducido, es habitual que los materiales que se ofrecen no permitan vivenciar con todo el cuerpo, sino solo con las manos (véanse figuras 41 y 42).

El educador, de nuevo, acompaña al niño en la propuesta de juego, le ofrece seguridad afectiva, pero no le da instrucciones de lo que tiene que hacer, ni le sugiere ni le da ideas de ningún tipo. No incentiva el juego ni le anima a participar, respeta las necesidades del niño y observa lo que este hace. De ser necesario, introduce el lenguaje en los momentos oportunos, pero será a través de la observación que el niño se sienta acompañado, mientras el adulto recoge información del juego del niño, de su desarrollo y el del grupo, información que se registra para confirmar o no las hipótesis, para crear otras nuevas y diseñar la siguiente provocación (véanse figuras 43-47).

En conclusión, los niños y las niñas aprenden jugando libremente; los educadores tenemos que favorecer y acompañar su desarrollo natural para que en la escuela los niños también puedan *ser* niños.

Si queremos un mundo mejor tenemos que comenzar agachándonos a la altura del niño, mirándolo, escuchándolo y comprendiéndolo, teniendo en cuenta cuál es su desarrollo natural. De esta forma, podremos empezar a acompañar en vez de continuar dirigiéndolo y llevándolo a donde nosotros creemos que necesita ir. Una crianza consciente y una escuela con sentido común comienzan con un cambio en la mirada del adulto.

Bibliografía

Alba, C.; Aler, I.; Olza, I. (2011): *Maternidad y Salud, Ciencia, Conciencia y Experiencia*, Madrid, Ministerio de sanidad, servicios sociales e igualdad.

Aldort, N. (2009): *Aprender a educar sin gritos, amenazas, ni castigos*, Barcelona, Medici.

Altimir, D. (2010): *¿Cómo escuchar a la infancia?*, Barcelona, Rosa Sensat / Octaedro.

Arnáiz, P. (1988): *Fundamentación de la práctica psicomotriz de B. Aucouturier*, Madrid, Seco Olea.

Aucouturier, B.; Lapierre, A. (1985): *Simbología del movimiento: psicomotricidad y educación*, Barcelona, Editorial Científico-Médica.

Balaban, N. (2003): *Niños apegados: niños independientes*, Madrid, Narcea Ediciones.

Berdonneau, C. (2008): *Matemáticas activas 2-6 años*, Barcelona, Grao.

Bernaldo de Quirós, M. (2006): *Manual de psicomotricidad*, Madrid, Pirámide.

Bourcier. S. (2012) *La agresividad en niños de 0 a 6 años ¿energía vital o desórdenes de comportamiento?*, Madrid, Narcea.

Bowlby; J. (1989): *Una base segura: aplicaciones clínicas de la teoría del apego*, Barcelona, Paidós Ibérica.

— (2006): *Los vínculos afectivos: formación, desarrollo y pérdida*, Barcelona, Morata.

Brazelton, B.; Sparrow, J. (2008): *La disciplina, el método Brazelton*, Bogotá, Norma.

Cantero, M. J; (2003): «*Pautas tempranas del desarrollo afectivo y su relación con la adaptación al centro escolar*», *Información Psicológica*, núm. 82, pp. 3-13.

Cabanellas, I., et al. (2007): *Ritmos infantiles, tejidos de un paisaje interior*, Barcelona, Rosa Sensat / Octaedro.

Campo, M. E. (2002): *Dificultades de aprendizaje e intervención psicopedagógica*, Madrid, Sanz y Torres.

Carreño, M., et al. (2002): *Teorías e instituciones contemporáneas de educación*, Madrid, Síntesis.

Collado, P., et al. (2016): *Psicología fisiológica*, Madrid, UNED.

Contreras, N. (2013): *Manual para la exploración neurológica de las funciones cerebrales superiores*, Ciudad de México, El Manual Moderno.

David, M.; Appell, G. (2010): *Lóczy, una insólita atención personal*, Barcelona, Octaedro / Rosa Sensat.

Delgado, V.; Contreras, S. (2016): *Desarrollo psicomotor. Primeros años*, Santiago, Mediterráneo.

Domingo, P. (2014): *Necesidades, sentimientos e implicación parental en el periodo de adaptación: los planes de acogida como génesis de las relaciones familia-escuela*, Santander, Universidad de Cantabria.

Estremera, L. (2015): *Criando*, Zaragoza, Gráficas Esba.

Falk, J. (2013): *Bañando al bebé. El arte del cuidado*, Budapest, Asociación Pikler- Lóczy.

Fernández, E.; García, B. (2010): *Psicología de la emoción*, Madrid, Editorial Universitaria Ramón Areces.

Ferré, J.; Aribau, E. (2002): *El desarrollo neurofuncional del niño y sus trastornos. Visión, aprendizaje y otras funciones cognitivas*, Barcelona, Lebón.

Ferré, J.; Ferré, M. (2005): *Cer0atr3s, desarrollo neuro-senso-psicomotriz de los 3 primeros años de vida*, Sitges.

— (2013): *Neuro-psico-pedagogía infantil*, Barcelona, Lebón.

Frith, U; Blakemore, S. (2007): *Cómo aprende el cerebro: las claves para la educación*, Barcelona, Ariel.

García, J. A.; Delval, J. (2010): *Psicología del desarrollo I*. Madrid, UNED.

Garrido, M. J. (2017): *Etnopediatría: infancia, biología y cultura*, Tenerife, Ob Stare.

Garvey, C. (1985): *El juego infantil*, Madrid, Morata.

Gerhardt, S. (2008): *El amor maternal*, Barcelona, Albesa.

Gassier, J. (1992): *Manual del desarrollo psicomotor del niño. Las etapas de la socialización. Los grandes aprendizajes. La creatividad*, Barcelona, Masson.

Gervilla, A. (2006): *Didáctica básica de la educación infantil. Conocer y comprender a los más pequeños*, Madrid, Narcea Ediciones.

Gobierno de España (2008): *Orden de 28 de marzo de 2008, del Departamento de Educación, Cultura y Deporte, por la que se aprueba el currículo de Educación infantil y se autoriza su aplicación en los centros docentes de la Comunidad Autónoma de Aragón*, en *BOE*, núm. 43, 14 de abril.

Goddard, S. (2005): *Reflejos, aprendizaje y comportamiento*, Montmeló, Vida Kinesiológica.

Goldschmied, E.; Jackson, S. (2013): *La educación infantil de 0 a 3 años*, Madrid, Morata.

González, C. (2013): *Creciendo juntos, de la infancia a la adolescencia*, Madrid, Planeta.

— (2014): *Comer, amar, mamar. Guía de crianza natural*, Barcelona, Planeta.

González Vara, Y. (2010): *Amar sin miedo a malcriar. La mirada a la infancia desde el respeto, el vínculo y la empatía*, Barcelona, RBA integral.

— (2013): *Educar sin miedo a escuchar. Claves del acompañamiento respetuoso en la escuela y la familia*, Barcelona, RBA integral.

Gutman, L. (2017): *La maternidad y el encuentro con la propia sombra. Una mirada novedosa a los conflictos emocionales que supone la maternidad*, Barcelona, Planeta.

Hoyuelos, A. (2006): *La estética en el pensamiento y obra pedagógica de Loris Malaguzzi*, Barcelona, Rosa Sensat / Octaedro.

— (2009): *La ética en el pensamiento y obra pedagógica de Loris Malaguzzi*, Barcelona, Rosa Sensat / Octaedro.

Hoyuelos, A; Riera, M. (2015*): Complejidad y relaciones en educación infantil*. Barcelona, Rosa Sensat / Octaedro.

Jové, R. (2006): *Dormir sin lágrimas: dejarle llorar no es la solución*, Madrid, La Esfera de los Libros.

— (2011): *La crianza feliz*, Madrid, La Esfera de los Libros.

— (2011): *Ni rabietas ni conflictos*, Madrid, La Esfera de los Libros.

— (2013): *Todo es posible*, Madrid, Planeta.

Juul, J. (2004): *Su hijo, una persona competente, hacia los nuevos valores básicos de la familia*, Barcelona, Herder.

Kálló, E.; Balog, G. (2013): *Los orígenes del juego libre*, Budapest, Pikler-Lóczy.

Kamii, C.; De Vries, R. (1991): *La teoría de Piaget y la educación preescolar*, Madrid, Visor.

Karp, H. (2012): *El niño más feliz: cómo superar las rabietas y educar niños alegres, colaboradores y seguros de sí mismos*, Madrid, Palabra.

Kohn, A. (2012): *Crianza incondicional. De los premios y los castigos al amor y la razón*, Barcelona, Crianza Natural.

Lafuente, E., et al. (2017): *Historia de la psicología*, Madrid, UNED.

Lahorra, C. (2013): *Las aulas de 0 a 3 años, su organización y funcionamiento*, Madrid, Narcea Ediciones.

Lapierre, A.; Aucouturier, B. (1977): *Los contrastes y el descubrimiento de las nociones fundamentales*, Madrid, Editorial Científico-Médica.

López, F. (2007): *La escuela infantil: observatorio privilegiado de las desigualdades*, Barcelona, Grao.

L'Ecuyer, C. (2013): *Educar en el asombro*, Barcelona, Plataforma Editorial.

— (2015): *Educar en la realidad*, Barcelona, Plataforma Editorial.

Malaguzzi, L. (2001): *La educación infantil en Reggio Emilia*. Barcelona, Rosa Sensat / Octaedro.

Montagu, A. (2004): *El tacto. La importancia de la piel en las relaciones humanas*, Barcelona, Paidós Ibérica.

Montessori, M (1939): *Manual práctico del método Montessori*, Barcelona, Ediciones Araluce.

— (1982): *El niño. El secreto de la infancia*, Ciudad de México, Diana.

— (2009): *El método de la pedagogía científica*, Madrid, Biblioteca Nueva.

Mora, F. (2013): *Neuroeducación*, Madrid, Alianza Editorial.

Nelsen, J.; Erwin, C. (2014): *Disciplina positiva para preescolares*, Barcelona, Medici.

Paricio, J. M. (2013): *Tú eres la mejor madre del mundo. La crianza en los tres primeros años del bebé*, Barcelona, Ediciones B.

Pascual, C. (2011): *Identidad y autonomía: práctica psicomotriz, metodología psicopraxis*, Zamora, La casita de Paz.

Pellón, R., et al. (2014): *Psicología del aprendizaje*, Madrid, UNED.

Pikler, E. (2010): *Moverse en libertad. Desarrollo de una motricidad global*, Madrid, Narcea.

Prat, N.; Del Río, M. (2010): *Desarrollo socioafectivo*, Barcelona, Altamar.

Quinto, B. (2010): *Educar en el 0-3*, Barcelona, Grao.

Ramos, C.; Martínez, E. (2000): «Bases neurológicas de la continencia urinaria», en *Clínicas urológicas de la Complutense*, núm. 8, pp. 257-288.

Redondo, A; Madruga, I. (2010): *Desarrollo socioafectivo*, Madrid, McGraw Hill.

Ruiz de Velasco, A.; Abad, J. (2017): *El juego simbólico*, Barcelona, Grao.

Sadurní, M. (2008): *El desarrollo de los niños paso a paso*, Barcelona, UOC.

Sánchez, M; Gutiérrez, L. (2016): *Bebés en movimiento. Acompañamiento del desarrollo psicomotor, sensorial y postural de tu bebé*, Zamora, La Casita de Paz.

Sanz, M. T., et al. (2013): *Psicología de la motivación*, Madrid, Sanz y Torres

Siegel, D.; Bryson, T. (2012): *El cerebro del niño*, Alba.

Siegel, D.; Hartzell, M. (2012): *Ser padres conscientes*, Barcelona, La Llave.

Small, M. (1999): *Nuestros hijos y nosotros*, Argentina, Crianza Natural.

Swaab, D. (2014): *Somos nuestro cerebro. Cómo pensamos, sufrimos y amamos*, Barcelona, Plataforma Editorial,.

Szanto, A. (2014): *Una mirada adulta sobre el niño en acción. El sentido del movimiento en la protoinfancia*, Buenos Aires, Ediciones Cinco.

Tardos, A. (2014): *El adulto y el juego del niño*, Barcelona, Octaedro / Rosa Sensat.

Truchis, C. (2010): *El despertar al mundo de su bebé: el niño como protagonista de su desarrollo*, Barcelona, Oniro.

Trueba, B. (2015): *Espacios en armonía. Propuestas de actuación en ambientes para la infancia*, Barcelona, Rosa Sensat / Octaedro.

Valoria Villamarín, J. M. (1994): *Cirugía pediátrica*, Madrid, Díaz de Santos.

Wild, R. (2006): *Libertad y límites: amor y respeto*, Barcelona, Herder.

— (2016): *Aprender a vivir con niños*, Barcelona, Herder.

— (2016): *Etapas del desarrollo*, Barcelona, Herder.